Die Schuld, eine Frau zu sein

Mukhtar Mai
mit Marie-Thérèse Cuny

Die Schuld, eine Frau zu sein

Deutsch von Eléonore Delair,
Eliane Hagedorn und Bettina Runge

Weltbild

Originaltitel: *Déshonorée*
Originalverlag: Oh! Éditions, Paris

Besuchen Sie uns im Internet:
www.weltbild.de

Die Autorin

Mukhtar Mai lebt mit ihrer Familie in dem kleinen Dorf Meerwala in der pakistanischen Provinz Punjab. Am 22. Juni 2002 wurde sie von einem Stammesgericht zur Massenvergewaltigung verurteilt. Bis heute kämpft sie vor Gericht für eine Verurteilung der Täter. Zusammen mit Marie-Thérèse Cuny brachte sie ihre Geschichte zu Papier.

1

Ein langer Weg

Die Entscheidung, die mein Leben von Grund auf verändern wird, fällt in der Nacht vom 22. Juni 2002 im Kreis der Familie.

Ich, Mukhtaran Bibi, achtundzwanzig Jahre alt und Angehörige der Bauernkaste der Gujjar aus dem Dorf Meerwala in der pakistanischen Provinz Punjab, muss vor den Klan der höheren Kaste der Mastoi treten, der aus mächtigen Grundbesitzern und Kriegern besteht. Ich muss sie im Namen meiner Familie um Vergebung bitten.

Um Vergebung für meinen kleinen Bruder Shakkur. Die Mastoi beschuldigen ihn, mit Salma, einem Mädchen ihres Stammes, »gesprochen« zu haben. Mein jüngerer Bruder ist gerade mal zwölf Jahre alt, die junge Frau dagegen über zwanzig. Wir wissen, dass Shakkur nichts Schlechtes getan hat, doch die Mastoi haben es so beschlossen, und wir, die Gujjar, müssen uns ihren Geboten fügen. Das ist schon immer so gewesen.

Als mein Vater und mein Onkel mir die Nachricht gemeinsam überbringen, sind sie sehr müde und niedergeschlagen.

Mit trauriger Stimme sagt mein Vater: »Wir haben unseren Mullah, Abdul Razzak, um Rat ersucht, doch er weiß nicht, was tun. Die Mastoi sind im Dorfrat weit zahlreicher vertreten als die Gujjar. Sie lehnen jedes Schlichtungsangebot ab und bleiben bei ihrer Forderung. Wir müssen uns fügen. Sie haben Waffen. Dein Onkel mütterlicherseits sowie

5

Ramzan Pachar, ein unabhängiger Vermittler, haben alles versucht, um die Mitglieder der *jirga* zu besänftigen. Wir haben nur noch eine letzte Chance: Eine Frau der Gujjar muss im Namen unseres Stammes um Vergebung bitten. Und unter allen Frauen des Hauses haben wir dich ausgewählt.«

»Warum ausgerechnet mich?«, frage ich und sehe die beiden aus großen Augen an. Im ersten Moment fährt mir der Schreck durch alle Glieder. Es gibt so viele Frauen in unserer Familie, schießt es mir durch den Kopf, und ausgerechnet mich müssen sie auswählen. Wieso sollte gerade ich es schaffen, die Mitglieder der *jirga*, des örtlichen Stammesgerichts, zu unseren Gunsten umzustimmen?

»Dein Mann hat dir die Scheidung gewährt, du hast keine Kinder, du bist die Einzige im richtigen Alter, du lehrst den Koran, und du genießt Ansehen«, zählen sie zögerlich all die Gründe auf, die mich in ihren Augen zur geeigneten Person machen.

Mir bleibt keine andere Wahl, ich werde mich ihrem Wunsch fügen.

Die Dunkelheit ist seit Langem hereingebrochen, und ich habe noch keine konkrete Vorstellung davon, worum es bei diesem schwerwiegenden Konflikt eigentlich geht und wieso genau ich vor diesem Rat um Verzeihung bitten muss. Das wissen allein die Männer, die seit zahllosen Stunden in der *jirga* oder dem *panchayat,* wie das Stammesgericht auch genannt wird, versammelt sind.

Ganz wohl ist mir bei der Sache nicht, doch ich versuche die unangenehmen Gedanken beiseitezuschieben. Es gelingt mir allerdings nur kurz, und bald schon wandern sie zu meinem kleinen Bruder zurück.

Shakkur ist seit heute Mittag verschwunden. Keiner aus meiner Familie hat in Erfahrung bringen können, was an diesem verhängnisvollen Nachmittag tatsächlich geschehen ist.

Wir wissen nur, dass mein Bruder sich zum angeblichen Tatzeitpunkt auf dem Zuckerrohrfeld in der Nähe des Hauses der Mastoi befand. Jetzt ist er allerdings auf dem Polizeirevier, etwa fünf Kilometer von unserem Dorf entfernt, sie haben ihn dort eingesperrt. Ich erfahre aus dem Mund meines Vaters, dass sie meinen jüngeren Bruder geschlagen haben.

»Wir haben Shakkur gesehen, als die Polizei ihn bei den Mastoi abgeholt hat. Der Ärmste war blutüberströmt, und seine Kleider waren völlig zerrissen. Sie haben ihn in Handschellen abgeführt, ohne dass ich auch nur ein Wort mit ihm sprechen konnte. Ich hatte ihn zuvor erfolglos überall gesucht. Ein Mann, der hoch oben in einer Palme saß, um Zweige zu schneiden, hat mir erklärt, er habe gesehen, wie die Mastoi ihn entführt hätten. Nach und nach habe ich von verschiedenen Leuten im Dorf erfahren, dass die Mastoi ihn zunächst des Diebstahls bezichtigt haben. Er soll sich in ihrem Zuckerrohrfeld bedient haben. Dann ist Salma ins Spiel gekommen.«

Die Mastoi ergreifen häufig derartige Repressalien. Sie sind ungemein gewalttätig, und ihr mächtiges Stammesoberhaupt hat viele Bekannte an den richtigen Stellen – alles einflussreiche Männer.

Niemand aus meiner Familie hat jemals gewagt, zu ihnen zu gehen. Diese Männer sind imstande, wie aus dem Nichts und ohne jeden Grund mit Gewehren bewaffnet in jedem beliebigen Haus aufzutauchen, hemmungslos zu plündern, zu zerstören oder zu vergewaltigen. Wir können dagegen nichts tun, denn wir gehören den Gujjar an, einem niedrigen Stamm, und müssen uns dem Willen der Mastoi beugen.

Abdul Razzak, der Mullah von Meerwala, der dank seiner religiösen Funktion als Einziger zu einem solchen Schritt befugt ist, hat versucht, die Freilassung meines Bruders zu erwirken. Leider erfolglos. Als meine Familie die Nachricht erhielt, war die Bestürzung groß und wir waren zunächst sehr hilflos. Doch mein Vater hat sich nicht mit der Situation abfinden wollen und all seinen Mut zusammengenommen – wohl wissend, dass dies Ärger bedeuten könnte. Er ist also zur örtlichen Polizei gegangen und hat sich beklagt.

Empört, dass ein Gujjar-Bauer es gewagt hat, ihnen die Stirn zu bieten und ihnen die Polizei vorbeizuschicken, haben die hochmütigen Mastoi die Anklage daraufhin kurzerhand geändert. Sie haben nun einfach behauptet, mein kleiner Bruder Shakkur habe Salma vergewaltigt. Deshalb würden sie ihn nur gehen lassen, wenn er ins Gefängnis komme. Sie haben allen Ernstes verlangt, die Polizei müsse ihn wieder den Mastoi übergeben, falls er freigelassen würde.

Sie beschuldigen Shakkur also der *ziná*, in Pakistan gleichbedeutend mit der Sünde der Vergewaltigung, des Ehebruchs oder der außerehelichen sexuellen Beziehung. Nach dem Gesetz der Scharia droht meinem zwölfjährigen Bruder damit die Todesstrafe.

Die Polizei hat ihn daraufhin tatsächlich ins Gefängnis gesteckt – einerseits weil er beschuldigt wird, andererseits um ihn vor der Gewalttätigkeit der Mastoi zu schützen, die auf dem Recht bestehen, selbst zu richten.

Das ganze Dorf ist seit dem frühen Nachmittag über die Angelegenheit auf dem Laufenden, und aus Sicherheitsgründen hat mein Vater sämtliche Frauen meiner Familie zu einigen Nachbarn gebracht. Wir fürchten die Vergeltung der rachsüchtigen Mastoi, die in solchen Dingen generell nicht lange zögern. Wenn die einflussreichen Angehörigen dieses Stammes Rache üben, das ist bekannt, dann immer an einer Frau aus einem niedriger gestellten Klan als dem ihren.

Und nun soll eine Frau der Gujjar sich vor den Männern des Dorfes, die vor dem Anwesen der Mastoi zur *jirga* versammelt sind, erniedrigen und um Vergebung für ihre Familie bitten.

Diese Frau bin ich.

Ich kenne das besagte Anwesen aus der Ferne, es liegt etwa

dreihundert Meter von unserem Hof entfernt – mächtige Mauern umschließen das Haus mit seiner Terrasse, von der aus die Mastoi die Umgebung überwachen, als wären sie die Herren über die Welt.

»Mach dich fertig, Mukhtaran, und folge uns«, fordert mich mein Vater mit fester Stimme auf.

Stumm nicke ich und erhebe mich.

Ich weiß in dieser Nacht nicht, dass der Weg, der von unserem kleinen Hof zu dem sehr viel prunkvolleren Anwesen der Mastoi führt, mein Leben auf den Kopf stellen wird. Je nachdem, was das Schicksal für mich bereithält, wird dieser Weg kurz oder lang sein. Kurz, wenn die Männer des Klans meine Bitte um Vergebung annehmen. Und lang, wenn …

Tief in mir habe ich eine ungute Vorahnung, schließlich sind die Mastoi im ganzen Dorf gefürchtet, aber ich versuche zuversichtlich zu sein. Ich stehe auf, nehme den Koran und drücke ihn an mein Herz, bevor ich mich mit einem Schal im Gepäck aufmache, um meine Aufgabe zu erfüllen. Das Heilige Buch wird mich beschützen.

Ich könnte auch Angst haben. Aber was würde das ändern? Die Wahl meines Vaters war die einzig richtige, die einzig mögliche.

Mit meinen achtundzwanzig Jahren kann ich zwar weder lesen noch schreiben, weil es in unserem Dorf wie häufig in Pakistan auf dem Land keine Schulen für Mädchen gibt, doch ich habe den Koran auswendig gelernt. Seit meiner Scheidung erteile ich den Kindern in Meerwala ehrenamtlich Unterricht. Das verschafft mir Ansehen. Das gibt mir Kraft und Selbstvertrauen.

Dadurch gestärkt, laufe ich in dieser sternenklaren Nacht über den schmalen Feldweg, gefolgt von meinem Vater, meinem Onkel und von Ramzan Pachar, jenem Freund eines anderen Stammes, der bei den geheimen Verhandlungen der *jirga* als Vermittler aufgetreten ist.

Die drei Männer fürchten um meine Sicherheit, und selbst

mein Onkel, den ich immer für seinen Mut bewundert habe, hat zunächst gezögert, ob er mich begleiten soll.

Trotzdem schreite ich diesen Weg mit geradezu kindlicher Unbekümmertheit entlang und achte beim Gehen darauf, dass der Saum meiner *burka* nicht zu sehr im Staub schleift.

Was soll mir schon passieren? Ich habe mir keinen persönlichen Fehler vorzuwerfen. Ich bin gläubig und lebe seit meiner Scheidung im Kreis meiner Familie, weit entfernt von den Männern, so wie es sich bei uns gebührt – in Ruhe und innerer Gelassenheit. Niemand hat je etwas Schlechtes über mich gesagt, was bei anderen Frauen durchaus vorkommt. Diese Salma zum Beispiel, deretwegen Shakkur nun im Gefängnis sitzt, ist bekannt für ihr aggressives und aufreizendes Verhalten. Sie spricht laut, ist ständig unterwegs und geht aus, wann und wohin es ihr passt.

Vielleicht wollen die Mastoi die Unschuld meines kleinen Bruders nutzen, um das Fehlverhalten der jungen Frau zu kaschieren, denke ich, während ich versuche, in der Dunkelheit nicht über die herumliegenden Steine zu stolpern. Ich halte mich dicht hinter meinem Vater und folge seinen Schritten.

Wie dem auch sei, es sind die Mastoi, die bestimmen, und die Gujjar, die zu gehorchen haben.

Es ist noch immer drückend heiß in dieser Juninacht, und der Weg zum Anwesen der Mastoi kommt mir ungewohnt lang vor. Die Vögel schlafen, die Ziegen auch. Nur ein Hund bellt irgendwo in der Stille, die meine Schritte begleitet – eine Stille, die sich nach und nach in ein Raunen verwandelt.

Während ich weitergehe, dringen zornige Männerstimmen an mein Ohr. Wenig später erreichen wir unser Ziel, und jetzt erkenne ich sie im Licht der einzigen Lampe, die den Eingang des Anwesens erhellt. Über hundert, vielleicht hundertfünfzig, Männer haben sich davor versammelt, die Mehrzahl von ihnen Mastoi. Die Angehörigen des hochstehenden Klans beherrschen die *jirga* und damit natürlich auch die Entscheidungen dieses Gremiums. Selbst der Mullah kann nichts gegen sie unternehmen, obwohl er ein Vorbild für alle Dorfbewohner ist.

Ich lasse meinen Blick auf der Suche nach ihm über die Menschenmenge gleiten, doch Abdul Razzak ist nicht da. Zu diesem Zeitpunkt weiß ich noch nicht, dass gewisse Mitglieder der *jirga*, die nicht damit einverstanden waren, wie der Rat diese Angelegenheit handhabt, die Versammlung verlassen und den Ort somit den »Herren« überlassen haben.

Jetzt stehe ich vor Faiz Mohammed, dem Stammesoberhaupt der Mastoi, sowie seinen vier Stammesbrüdern Abdul Khaliq, Ghulam Fand, Allah Dita und Mohammed Fiaz. Sie alle tragen Gewehre und Pistolen und haben sich mit finsteren Mienen vor dem Eingang des Anwesens aufgebaut.

Sofort richten sie die Läufe der Waffen auf meine Begleiter, die Männer meines Klans. Sie fuchteln damit wild vor ihren Gesichtern herum, um ihnen Angst einzujagen und sie in die Flucht zu schlagen. Doch mein Vater und mein Onkel geben keinen Ton von sich und rühren sich nicht von der Stelle. Von Faiz in Schach gehalten, bleiben sie stumm hinter mir stehen.

Die Mastoi haben fast ihren gesamten Klan um sich versammelt. Eine undurchdringliche Mauer aus Männern, bedrohlich, erregt und fiebernd.

Nun breite ich den mitgebrachten Schal als Zeichen der Demut vor dem Stammesoberhaupt der Mastoi und seinen Brüdern aus. Auswendig trage ich einen Vers aus dem Koran vor und lege die Hand dabei auf das Heilige Buch. Was ich von den Schriften kenne, wurde mir zwar nur mündlich überliefert, doch es ist gut möglich, dass mir der Heilige Text vertrauter ist als einem Großteil dieser Bestien, die mich noch immer mit verächtlichen Blicken mustern.

Nun ist der Moment gekommen, meine Bitte um Vergebung vorzubringen. Ich bin hier, damit die Ehre der Mastoi wiederhergestellt wird.

Der Name meines Heimatlandes Pakistan bedeutet »Land

der Reinen«. Aber wer sind die Reinen?, denke ich, als ich mit gesenktem Blick und klopfendem Herzen vor diesen Männern stehe.

Die Mastoi schüchtern mich ein mit ihren Gewehren und ihren finsteren Mienen. Vor allem Faiz, der Chef des Klans, ein großer und kräftiger Widerling, der mit einer Pumpgun bewaffnet ist. Sein Blick ist der eines Irren, starr und voller Hass.

Doch obwohl ich mir durchaus bewusst bin, gesellschaftlich einer niederen Kaste anzugehören, trage ich auch das Ehrgefühl der Gujjar in mir. Unsere Gemeinschaft armer kleiner Bauern hat eine jahrhundertealte Geschichte, und ich spüre, dass sie Teil meiner selbst und meines Blutes ist. Die Vergebung, um die ich diese Unmenschen bitte, ist nichts als eine Formalität, die meine persönliche Ehre nicht befleckt.

Während ich spreche, halte ich den Blick gesenkt und erhebe meine Frauenstimme so laut wie möglich gegen das dumpfe Raunen der aufs Höchste gereizten Männer.

»Sollte mein Bruder Shakkur ein Unrecht begangen haben«, beginne ich und hole einmal tief Luft, »so bitte ich an seiner Stelle um Vergebung und um seine Freilassung.«

Ich bin zwar furchtbar aufgeregt, aber meine Stimme hat nicht gezittert. Langsam hebe ich den Blick und warte auf die Antwort, doch Faiz sagt nichts. Er schüttelt nur verächtlich und mit einer herrischen Geste den Kopf. Es folgt ein kurzes Schweigen, die Stimmung ist bis aufs Äußerste gespannt.

Ich bete im Stillen, und plötzlich, einem Gewitter gleich, steigt die Angst in mir hoch und lähmt meinen Körper wie ein elektrischer Schlag.

Reglos sehe ich in die Augen dieses Mannes, der nie die Absicht gehabt hat, unserer Familie Vergebung zu gewähren. Er hat nach einer Gujjar-Frau verlangt, um vor dem ganzen Dorf Rache zu üben. Er und seine Brüder haben die Versammlung der *jirga*, der sie selbst angehören, schändlich missbraucht. Diese gemeinen Menschen haben den Mullah, meinen Vater und meine ganze Familie getäuscht.

Faiz wendet sich an seine Stammesbrüder, die es, wie er selbst, kaum erwarten können, den Richterspruch des Stammesgerichts umzusetzen. Die danach gieren, ihre Macht durch eine Demonstration der Gewalt unter Beweis zu stellen.

Zum ersten Mal haben die Mitglieder eines Rates höchstpersönlich eine Massenvergewaltigung beschlossen, um, wie sie es nennen, »ihrem Recht Geltung zu verschaffen«.

»Sie ist da!«, dröhnt die Stimme des Klanführers in meinen Ohren. »Macht mit ihr, was ihr wollt!«

Ich bin da, in der Tat, doch die Person zu seinen Füßen bin nicht mehr ich. Dieser gelähmte Körper, diese nachgebenden Beine, sie gehören mir nicht mehr. Ich werde das Bewusstsein verlieren, werde zu Boden sinken, denke ich fassungslos und mir schwindelt. Doch mir bleibt gar nicht die Zeit dazu.

Gewaltsam zerren sie mich fort wie ein Lamm zur Schlachtbank. Männerarme packen die meinen, reißen an meinen Kleidern, an meinem Tuch, an meinen Haaren. Ich schreie: »Im Namen des Koran – lasst mich los! Im Namen des Gottes – lasst mich los!«

Mein Vater und mein Onkel müssen all das mit ansehen und haben keine Möglichkeit, mir zu helfen.

Ehe ich mich versehen kann, wechsle ich von der äußeren Nacht in eine innere Nacht und finde mich wenig später irgendwo in einem geschlossenen, dunklen Raum wieder. Im fahlen Mondlicht, das durch die winzigen Fenster dringt, nehme ich vier Männer wahr. Dazu die kahlen, finsteren Wände und ein großes Tor, gegen das sich eine bewaffnete Gestalt abhebt.

Kein Ausweg. Keine Möglichkeit zu beten. Ich bin ihnen restlos ausgeliefert.

Dort, auf dem gestampften Lehmboden eines Stalls, vergewaltigen sie mich. Vier Männer. Wieder und wieder. Ich kann nicht sagen, wie lange diese schändliche Tortur dauert. Eine Stunde oder die ganze Nacht.

Ich, Mukhtaran Bibi, älteste Tochter meines Vaters Ghulan Farid Jat, habe das Bewusstsein meiner selbst verloren, und doch werde ich die Gesichter dieser Bestien nie vergessen.

Für sie ist eine Frau nichts als ein Objekt des Besitzes, der Ehre oder der Rache.

Wahllos heiraten oder vergewaltigen diese Unmenschen, je nach ihrer Auffassung von der Stammesehre. Und das alles in dem Wissen, dass einer Frau, die sie durch ihre Tat der Schande preisgegeben haben, kein anderer Ausweg bleibt als der Selbstmord.

Das bedeutet, sie müssen nicht einmal zu ihren Waffen greifen, um ein Menschenleben auszulöschen. Denn allein die Vergewaltigung führt zum Tod des Opfers. Die Vergewaltigung ist die Waffe schlechthin. Sie dient dem Zweck, den anderen Klan endgültig zu demütigen und sich für alle Zeit an ihm zu rächen.

Meine Peiniger verzichten darauf, mich zu schlagen. Doch das müssen sie auch nicht, denn ich bin ihnen so oder so ausgeliefert. Meine Eltern werden von ihnen bedroht, mein Bruder sitzt im Gefängnis.

Ich muss es dulden. Ich dulde es.

Nachdem sie endlich von mir abgelassen haben, zerren sie mich aus dem finsteren Raum und stoßen mich halb nackt vor die Tür. Dort ist inzwischen das halbe Dorf versammelt. Als sich das große Flügeltor hinter ihnen schließt, bin ich allein mit meiner Schmach. Vor aller Augen.

Mir fehlen die Worte, um zu sagen, wer oder was ich in diesem Moment bin. Ich fühle mich so unendlich leer, kann keinen klaren Gedanken fassen. Ein dichter Nebel ist in mein Gehirn gedrungen und legt sich über die Bilder der Folter und des schrecklichen Missbrauchs.

Wie eine Puppe setze ich mich in Bewegung, den Rücken gebeugt, das Tuch – die einzige mir verbliebene Würde – vor dem Gesicht, ohne zu wissen, wohin ich gehe. Instinktiv schlage ich den Weg zu meinem Elternhaus ein und setze mechanisch einen Fuß vor den anderen. Wie ein Phantom laufe ich durch die Dunkelheit, ohne zu merken, dass mein Vater, mein Onkel und Ramzan mir mit einigem Abstand folgen.

Die Mastoi haben meine drei Begleiter die ganze Zeit über mit ihren Gewehren bedroht und vor dem Haus festgehalten und erst freigelassen, als meine Peiniger sich an mir genug gerächt hatten.

Als ich unseren Hof erreiche, steht meine Mutter weinend vor dem Haus. Den Blick auf den Boden gerichtet, gehe ich an ihr vorbei, benommen, stumm, außerstande, ein Wort zu sagen. Die anderen Frauen unserer Familie begleiten mich schweigend nach drinnen. Ich trete in eines der drei Zimmer, die uns Frauen vorbehalten sind, und werfe mich auf eine Strohmatte. Eine Decke über mich geschlagen, liege ich da und rühre mich nicht mehr.

Mein Leben ist in ein solches Grauen abgeglitten, dass mein Kopf und mein Körper die Wirklichkeit ablehnen. Ich habe bis dahin nicht gewusst, dass derartige Gewalttätigkeit möglich ist. Ich war naiv und wie alle Frauen in meiner Umgebung daran gewöhnt, unter dem Schutz meines Vaters und meines älteren Bruders zu leben.

Nachdem meine Familie mich im Alter von achtzehn Jahren mit einem mir unbekannten, faulen und unfähigen Mann verheiratet hatte, ist es mir schon recht bald mit der Unterstützung meines Vaters gelungen, die Scheidung durchzusetzen. Ich habe jahrelang zurückgezogen und von der Außenwelt abgeschieden in einem Kosmos gelebt, der an der Grenze meines Dorfes aufhörte.

Wie alle anderen Frauen um mich herum Analphabetin, führe ich ein Leben, das sich neben meinen häuslichen Pflichten auf zwei einfache Tätigkeiten beschränkt. Zum

15

einen lehre ich, wie bereits erwähnt, die Kinder des Dorfes ehrenamtlich den Koran – mündlich, genauso wie man mir die heiligen Verse beigebracht hat. Und um zu den mageren Einkünften der Familie beizutragen, bringe ich einigen Frauen das bei, was ich am besten kann: das Sticken.

Von Sonnenaufgang bis Sonnenuntergang spielt sich mein Leben innerhalb der Grenzen des kleinen väterlichen Hofes ab und verläuft im Rhythmus der Ernten und der täglichen Aufgaben. Mit Ausnahme der kurzen Zeit meiner Ehe, während deren ich in einem anderen Haus als dem meinen lebte, kenne ich keine andere als diese Existenz, die im Übrigen der aller Frauen in meiner Umgebung gleicht.

Das Schicksal hat mich soeben aus diesem behüteten, sicheren Dasein herauskatapultiert, und ich verstehe den Grund für diese Bestrafung nicht. Ich fühle mich völlig leer, taub, gefühllos, tot. Ich bin außerstande zu denken und dieses bisher unbekannte Leid zu überwinden. Es ist so groß und schmerzhaft, dass es mich regelrecht lähmt.

Alle Frauen um mich herum weinen, während ich noch immer reglos auf meinem Lager verharre. Ich spüre Hände, die sich zum Zeichen des Mitgefühls auf meinen Kopf und meine Schultern legen. Doch ich reagiere nicht darauf, ich bin unfähig, irgendetwas zu tun. Meine jüngeren Schwestern schluchzen, während ich wie gelähmt daliege, sonderbar unbeteiligt an diesem Unglück, das mich betrifft und auf die ganze Familie zurückfällt.

Drei Tage lang verlasse ich dieses Zimmer nur, um meine Notdurft zu verrichten. Ich esse nicht, trinke nicht, weine nicht, spreche nicht.

Irgendwann höre ich, wie meine Mutter zu mir sagt: »Du musst vergessen, Mukhtaran. Es ist vorbei. Die Polizei wird deinen Bruder freilassen.«

Doch ich antworte ihr nicht. Auch das, was die Menschen im Dorf über diesen Fall reden, wird mir zugetragen, aber die Worte prallen an mir ab.

Eine Frau im Dorf soll verkündet haben: »Shakkur hat sich versündigt, er hat Salma vergewaltigt.«

Eine andere meint: »Mukhtaran hätte auf den Mullah hören sollen, doch das hat sie nicht getan. Demnach ist es ihre Schuld.«

Was meint sie damit? Ich habe keine Ahnung, und es ist mir im Grunde egal.

Wie schwarze Raben oder weiße Tauben – je nachdem, ob Männer oder Frauen sich äußern – huschen diese Worte durch die Gassen und Straßen. Erst nach und nach dringen sie zu mir durch, und ich begreife, woher all das rührt.

Die *jirga*, deren Versammlungen normalerweise im Haus von Mullah Abdul Razzak abgehalten werden, ist dieses Mal in aller Öffentlichkeit mitten in Meerwala, im wahrsten Sinne des Wortes auf der Straße zusammengekommen. Dieser traditionelle Stammesrat wirkt außerhalb des ordentlichen Gerichtssystems und hat die Aufgabe, zwischen den Klägern zweier streitender Parteien zu schlichten – im Prinzip in beider Interesse. So jedenfalls sollte es sein.

In den Dörfern ziehen die Menschen es vor, sich an die *jirga* zu wenden, da die offizielle Rechtsprechung in der Regel zu teuer ist. Schließlich wären die meisten Bauern nicht mal in der Lage, einen Anwalt zu bezahlen, ganz zu schweigen von den anderen anfallenden Kosten.

Aus logischen Gründen ist es allerdings nicht nachvollziehbar, warum im Fall meines Bruders Shakkur keine Schlichtung durch die *jirga* möglich war. Doch ich kann lediglich vermuten, wie die wahren Beweggründe lauten. Mein Vater und mein Onkel haben mir sehr wenig darüber gesagt – Frauen erfahren in meinem Land nur selten etwas von den Entscheidungen der Männer. Aber langsam, durch die Kommentare, die aus dem Dorf bis in unser Haus dringen, beginne ich den Grund für meine Bestrafung zu verstehen.

In Gedanken gehe ich die einzelnen Ereignisse noch einmal genau durch und versuche, sie für mich zu ordnen. Es ist mir ungemein wichtig, um endlich Klarheit zu erlangen. Auch wenn mich das Erlebte zutiefst verletzt hat, ich muss mich ihm stellen, um es verstehen zu können.

Also: Shakkur, so haben die Mastoi anfangs behauptet, habe Zuckerrohr von einem ihrer Felder gestohlen. Später hieß es dann, er sei dabei überrascht worden, wie er Salma schöne Augen gemacht hat. Nachdem sie ihn des Diebstahls beschuldigt haben, hat der Klan meinen Bruder entführt, geschlagen und schließlich missbraucht, um ihn zu demütigen. Shakkur hatte sich dafür so sehr geschämt, dass er es erst später und nur unserem Vater erzählt hat. Er hat mehrmals versucht zu fliehen, aber sie haben ihn jedes Mal wieder eingefangen.

Um die Vergewaltigung meines kleinen Bruders vor der Versammlung der *jirga* zu vertuschen, haben die Mastoi einfach eine neue Version erfunden. Nach der soll Shakkur nun eine sexuelle Beziehung mit Salma, angeblich noch Jungfrau, gehabt haben. In unserem Land ein schreckliches Verbrechen, das mit den höchsten Strafen geahndet wird. Mädchen ist es nämlich grundsätzlich verboten, mit Jungen zu sprechen. Begegnet eine Frau einem Mann, muss sie stets den Blick senken und darf niemals, ganz gleich unter welchem Vorwand, das Wort an ihn richten.

Als ich Shakkur, der seit seiner Freilassung wieder zu Hause wohnt, über den Hof gehen sehe, beobachte ich ihn ganz genau. Ich vermag mir beim besten Willen nicht vorzustellen, dass an diesen Vorwürfen auch nur das geringste Detail wahr sein könnte. Er ist ja nur ein Junge von zwölf, höchstens dreizehn Jahren. Genau lässt sich das nicht sagen, denn ein jeder kennt sein Alter nur über die Kommentare von Mutter oder Vater, wenn es also heißt: »Dieses Jahr bist du fünf, zehn, zwanzig Jahre alt.« Unser Geburtsdatum ist jedoch nirgendwo registriert.

Mager, schüchtern und kindlich, wie er ist, hat mein kleiner Bruder niemals eine Beziehung mit einem Mädchen gehabt, ganz gleich, mit welchem.

Schon gar nicht mit Salma, deren ungenierte Art ihn eher zur Flucht veranlassen würde. Wie ich sie einschätze, hat sie ihn, entsprechend ihrem vorlauten Wesen, mit Worten provoziert – wenn überhaupt.

Shakkurs einziges Verschulden bestand höchstens darin, dass er sie zufällig am Rand des Zuckerrohrfeldes der Mastoi getroffen hat.

Manche im Dorf behaupten, er habe mit ihr getändelt – zumindest mit ihr gesprochen –, andere wollen die beiden Hand in Hand überrascht haben … Die Wahrheit löst sich im Staub der Worte auf, denn sie fällt, je nachdem, welchem Klan derjenige angehört, der sie ausspricht, so oder so aus.

Mein Bruder Shakkur hat nichts Schlechtes getan, dessen bin ich sicher. Was er dagegen an jenem verhängnisvollen Tag im Juni an Qualen durchgestanden hat, ist nur mit meinen eigenen vergleichbar.

All das geht mir mehrere Tage lang immer wieder durch den Kopf: warum er, warum ich?

Ganz einfach: Dieser rachsüchtige Klan will den unseren zerstören. Nicht mehr und nicht weniger. Und mein Bruder und ich haben dafür büßen müssen.

In jener Woche erfahre ich auch, was Mullah Abdul Razzak den Mastoi als ersten Vorschlag zur Schlichtung unterbreitet hat. Um die Gemüter zu beschwichtigen und zu vermeiden, dass die beiden Klans für immer verfeindet bleiben, hält er es für das Beste, wenn Shakkur Salma heiratet. Im Gegenzug solle die älteste Tochter der Gujjar, also ich, einem Mastoi zur Frau gegeben werden.

Manche Menschen in Meerwala behaupten, ich hätte diesen Vorschlag abgelehnt und trüge, weil ich dadurch die Schlichtung vereitelt hätte, selbst die Schuld an dem, was mir widerfahren ist. So auch die Frau, auf deren Äußerung ich mir zunächst keinen Reim hatte machen können.

Glaubt man dagegen einigen Ratsmitgliedern, so hat der Stammeschef der Mastoi diese Missheirat höchstpersönlich abgelehnt. Er soll sogar gebrüllt haben: »Ich werde alles in ihrem Haus zerschlagen, alles bis zum letzten Stück zerstören! Ich werde ihr Vieh abschlachten und ihre Frauen vergewaltigen!«

Laut den mir zugetragenen Erzählungen soll der Mullah, da er keinen besseren Vorschlag vorzubringen hatte, den Rat verlassen haben. Schließlich hat Ramzan Pachar, der Einzige, der weder dem Klan der Mastoi noch dem unseren angehört, meinen Vater und meinen Onkel dazu überredet, einen anderen Weg der Schlichtung zu versuchen: Sie sollten um Vergebung bitten. Schließlich kamen sie überein, eine achtbare Frau meines Alters zu den Anklägern zu schicken, um diese Bestien durch einen Akt der Unterwerfung umzustimmen. So erhofften sie sich, die Mastoi würden ihre Anklage zurückziehen und die Polizei meinen Bruder freilassen.

Naiv, wie ich war, bin ich voller Zuversicht aufgebrochen, um vor diese Unmenschen zu treten. Und auch wenn ich mich bei der ganzen Aufgabe nie wohl gefühlt habe, hätte ich dennoch niemals auch nur geahnt, dass ich zum Opfer dieses Versöhnungsversuches werden sollte.

Doch damit nicht genug, wie ich ebenfalls aus zweiter Hand erfahre. Denn auch nachdem mich meine Vergewaltiger vor die Tür gejagt haben, wurde Shakkur noch immer nicht freigelassen.

Kurz entschlossen ist daraufhin einer meiner Cousins zu Faiz gegangen, dem Klanchef der Mastoi.

»Was geschehen ist, ist geschehen«, sagt er und stellt sogleich mutig seine Forderung. »Jetzt lasst Shakkur frei.«

Der Stammesführer der Mastoi reagiert gelassen. »Geh du schon mal aufs Revier, ich spreche später mit ihnen.«

Voller Hoffnung geht mein Cousin daraufhin zur Polizei. Doch dort erwartet ihn eine unangenehme Überraschung, als er sich auf Faiz beruft und sein Anliegen vorbringt.

Der diensthabende Polizist greift zum Telefon und ruft den gefürchteten Klanführer an, als wäre der sein Vorgesetzter.

»Hier ist gerade jemand eingetroffen, der behauptet, du wärst damit einverstanden, dass Shakkur freikommt. Kann das sein?«, erkundigt er sich ungläubig.

»Er soll erst für die Freilassung des Jungen bezahlen«, antwortet Faiz. Nehmt das Geld für meine Familie entgegen und lasst ihn dann frei.«

Die Polizei verlangt daraufhin von meinem Cousin zwölftausend Rupien, umgerechnet etwa 170 Euro. Das ist eine gewaltige Summe für meine Familie, etwa das Drei- oder Vierfache des Monatsgehalts eines Arbeiters.

In Windeseile suchen mein Vater und mein Onkel alle Verwandten und Nachbarn auf, um den Betrag zusammenzubekommen. Es gelingt ihnen tatsächlich, und sie kehren noch in derselben Nacht zum Revier zurück, um der Polizei das Geld zu überbringen. Um ein Uhr morgens wird mein Bruder schließlich freigelassen.

Zwar ist er jetzt schon zwei Tage auf freiem Fuß, allerdings ist er nach wie vor in großer Gefahr. Denn der Hass der Mastoi wird nicht nachlassen.

Ihnen bleibt im Grunde gar nichts anderes übrig, als ihre Anschuldigung weiter aufrechtzuerhalten, denn sie können nicht mehr zurück, ohne ihr Gesicht und ihre Ehre zu verlieren. Abgesehen davon gibt ein Mastoi niemals nach.

Bei dem Gedanken, dass der unmenschliche Klanchef und seine Brüder jetzt in ihrem Haus sind, läuft mir ein eiskalter Schauer über den Rücken. Unsere Feinde sind gerade mal auf der anderen Seite des Zuckerrohrfeldes. In Sichtweite. Noch dazu bewaffnet. Sie gehören einem Stamm von Kriegern an, und was haben wir? Nur ein bisschen Holz, um Feuer zu machen, und ganz gewiss keinen mächtigen Verbündeten, der uns verteidigen könnte.

Eine knappe Woche nach meiner demütigenden Misshandlung durch die vier grausamen Unmenschen steht mein Entschluss fest.

Ich werde Selbstmord begehen.

Das machen die Frauen in meinem Fall. Denn sie sind entehrt und haben damit keine andere Wahl.

Ich werde Säure schlucken und sterben, um das Feuer der Schmach, die auf mir und meiner Familie lastet, für immer auszulöschen. Ich flehe meine Mutter an, mir beim Sterben zu helfen, und beknie sie, mir die Säure zu besorgen.

Mein Leben, das nicht mehr lebenswert ist, soll endlich ein Ende haben. In den Augen der anderen bin ich ohnehin schon tot. Und auch ich selbst verspüre keinen Funken Lebensmut mehr.

Doch anstatt mir zu helfen, bricht meine Mutter in Tränen aus und will mich mit allen Mitteln von meinem Vorhaben abbringen. Schließlich weicht sie Tag und Nacht nicht mehr von meiner Seite.

Ich finde keinen Schlaf mehr, und mehrere Tage lang bin ich in meiner Machtlosigkeit dem Wahnsinn nahe. Ich kann so nicht weiterleben, vergraben unter meinem Tuch. Doch meine Mutter lässt mich nicht sterben.

Eines Nachmittags, als ich denke, es könne nicht mehr schlimmer kommen, lodert plötzlich eine unbändige Wut in mir auf und befreit mich von dieser grässlichen Lähmung.

Mit einem Mal sinne auch ich auf Rache. Mein Lebensmut ist wieder erwacht, und ich schwöre mir, den Kampf aufzunehmen. Diese Bestien sollen nicht ungestraft davonkommen.

Seit der Tat gehe ich zum ersten Mal wieder nach draußen in den Hof. Tief atme ich die warme Luft ein und strecke und recke mich. Dann setze ich mich ein wenig abseits von meinen Eltern und Geschwistern, die mich zwar beobachten, aber in Ruhe lassen, in den Schatten und spiele die einzelnen Möglichkeiten durch.

Ich könnte ein paar Männer engagieren und meine Peiniger töten lassen. Mit Gewehren bewaffnet könnten sie im Haus der Mastoi auftauchen und das mir und meiner Familie geschehene Unrecht ahnden. Aber ich habe kein Geld. Ich könnte mir auch selbst ein Gewehr besorgen oder Säure, die ich ihnen ins Gesicht schütte, damit sie erblinden. Ich könnte …

Doch ich bin nur eine Frau, und wir haben keinerlei Möglichkeiten, wir haben keinerlei Rechte. Allein die Männer besitzen das Monopol der Rache, und die wird durch Gewalt gegen Frauen geübt.

Stundenlang sitze ich da und komme zu keinem Ergebnis. Doch ich nehme mir vor, nicht aufzugeben.

Als ich am Abend zum ersten Mal seit Langem wieder eine Mahlzeit mit meiner Familie einnehme, höre ich von Vorfällen, über die vorher niemand zu sprechen gewagt hat: Die Mastoi haben bereits das Haus eines meiner Onkel geplündert, außerdem haben sie mehrfach Frauen aus Meerwala vergewaltigt.

Der Polizei sind alle diese Taten bekannt, doch sie weiß auch, dass niemand den Mut hat, Anzeige zu erstatten. Denn wer immer es wagte, würde auf der Stelle von den Mastoi getötet. Es gibt keine Möglichkeit, gegen diesen mächtigen Stamm vorzugehen. Sie sind seit Generationen da und bestimmen die Geschicke von Meerwala. Sie kennen die Abgeordneten und haben alle Befugnisse – von unserem Dorf bis zur Präfektur der Provinz Punjab haben sie alles im Griff.

Deshalb konnten sie auch gleich zu Beginn von der örtlichen Polizei fordern: »Wenn ihr Shakkur freilasst, müsst ihr ihn uns übergeben!«

Sogar die Polizisten haben daraufhin um das Leben meines Bruders gefürchtet und in ihrer Hilflosigkeit beschlossen, ihn so lange in eine Zelle zu sperren, bis er für unschuldig erklärt oder verurteilt wäre.

Damit war meine Bitte um Vergebung, die ich in aller Öffentlichkeit vortragen musste, von vornherein zum Scheitern verurteilt. Die Mastoi haben das Angebot meiner Familie nur akzeptiert, um mich vor dem ganzen Dorf vergewaltigen zu können.

Diese grausamen Menschen fürchten weder Gott noch den Teufel noch den Mullah. Sie nutzen die Macht, die ihnen ihre Zugehörigkeit zu einem höher gestellten Klan verleiht. Nach dem Stammessystem entscheiden sie, wer ihr Feind ist, wer also vernichtet, gedemütigt, bestohlen, vergewaltigt wird – und das völlig ungestraft. Wahllos greifen sie die Schwachen an.

Und die Schwachen sind wir.

In den vergangenen Tagen habe ich unablässig gebetet, dass Gott mir helfen möge, zwischen Selbstmord und Rache – egal, mit welchen Mitteln – zu entscheiden. Ich habe Verse aus dem Koran zitiert und wieder und wieder zu Gott gesprochen, so wie ich es als kleines Kind immer getan habe.

Wenn ich eine Dummheit begangen hatte, sagte meine Mutter stets: »Gib Acht, Mukhtaran, Gott sieht alles, was du tust!«

Jedes Mal blickte ich dann hinauf zum Himmel und fragte mich, ob es da oben ein Fenster gebe, durch das Gott mich sehen konnte. Aber aus Ehrfurcht vor meiner Mutter stellte ich diese Frage nie. Kinder richten nicht einfach so das Wort an ihre Eltern.

Manchmal hatte ich dennoch das Bedürfnis, mit einem Erwachsenen zu sprechen. Und es war stets meine Großmutter väterlicherseits, die ich bat, mir das »Warum« und »Wie« zu erklären. Sie war die Einzige, die mir zuhörte.

»Großmutter«, fragte ich sie dann zum Beispiel mit glühenden Wangen, »Mama sagt immer, Gott würde mich beobachten. Gibt es wirklich ein Fenster im Himmel, das er öffnen kann, um mich zu beobachten?«

»Gott muss kein Fenster öffnen, um dich zu sehen, Mukhtaran. Der ganze Himmel ist sein Fenster. Er sieht dich, ebenso wie alle anderen Menschen auf der Erde. Dabei urteilt er über deine Dummheiten genau wie über die der anderen. Was hast du denn diesmal angestellt?«

»Zusammen mit meinen Schwestern habe ich dem Großvater unserer Nachbarn den Stock weggenommen und vor seine Zimmertür gelegt«, beichtete ich ihr kleinlaut. »Als der dann hineingehen wollte, haben wir, eine jede auf ihrer Seite, den Stock angehoben, und er ist gestolpert.«

»Warum um alles in der Welt habt ihr das getan?«, fragte sie entsetzt.

»Weil er uns ständig ausschimpft«, rechtfertigte ich unsere unschöne Tat und redete mich allmählich in Rage. »Er will nicht, dass wir auf die Bäume klettern, um auf den Ästen zu schaukeln. Er will nicht, dass wir miteinander sprechen. Er will nicht, dass wir lachen, dass wir spielen. Er will gar nichts! Und sobald er auftaucht, droht er uns mit seinem Stock. ›Du hast dir nicht den Hintern gewaschen, geh und hol es auf der Stelle nach! Und du, du hast dir nicht den Schal umgelegt! Zieh dich gefälligst ordentlich an!‹ Er schimpft den ganzen Tag, er tut nichts anderes!«, beendete ich meine Anklage. Ich war froh, dass ich all das endlich mal jemandem erzählen konnte.

»Dieser Mann ist schon sehr alt und hat einen schwierigen Charakter«, erwiderte meine Großmutter mit ihrer gütigen Stimme. »Er kann nun mal keine Kinder ertragen. Dennoch musst du damit aufhören, das darf man nicht tun! Was hast du sonst noch angestellt?«

»Ich wollte zu dir zum Essen kommen, aber Mama hat es nicht erlaubt. Sie sagt, ich soll zu Hause essen.«

»Ich spreche mit deiner Mutter und sage ihr, sie soll meine Enkelin nicht mehr so schelten.«

Wir Kinder wurden vielleicht häufig mal ausgeschimpft, aber niemals geschlagen, und mein Vater hat nicht einmal die Hand gegen mich erhoben. Meine Kindheit war zwar schlicht und ärmlich – weder glücklich noch unglücklich –, aber unbeschwert.

In jenen schweren Tagen zwischen Leben und Tod wünschte ich mehr als einmal, diese unbeschwerte Zeit hätte für immer andauern können. Ich stelle mir Gott häufig als einen König vor: In meinen Augen ist er groß und kräftig, sitzt umgeben von Engeln auf einem Diwan und richtet über die Menschen. Er ist gnädig gegen denjenigen, der Gutes getan hat, während er den anderen wegen seiner Übeltaten in die Hölle schickt.

Gott ist für mich momentan die einzige Zuflucht, während ich mich noch in diesem Zimmer verkrieche, in dem mich die Schmach umfängt. Sterben oder mich rächen? – diese Frage stelle ich mir unendlich oft. Wie kann ich meine Ehre und damit die meiner Familie nur wiederherstellen?

Zwar wage ich mich inzwischen schon wieder nach draußen, doch die meiste Zeit verbringe ich allein und bete.

Unterdessen kursieren neue Gerüchte im Dorf, von denen mir meine Familie eines Abends berichtet. Auch mein Vater ist sehr besorgt um mich und versucht mich aufzuheitern, wann immer sich ihm eine Gelegenheit dazu bietet. Natürlich will er mich auch über die Ereignisse in Meerwala auf dem Laufenden halten.

Es heißt, der Mullah habe während des Freitagsgebets eine Strafpredigt gehalten. Laut und vernehmlich soll er gesagt haben, was im Dorf passiert ist, sei eine Sünde, eine Schmach für die ganze Gemeinde. Die Dorfbewohner müssten sich endlich an die Polizei wenden.

Außerdem soll ein Journalist der lokalen Presse an der Versammlung teilgenommen und über die Geschichte in seiner Zeitung berichtet haben.

Weiter wird behauptet, die Mastoi hätten in einem Restaurant in der Stadt öffentlich und bis ins Detail mit ihren Heldentaten geprahlt. Auf diese Weise habe sich die Nachricht von meiner Schmach in der ganzen Gegend herumgesprochen.

Am sechsten oder siebten Tag meines Rückzugs, während

ich unermüdlich Koranverse rezitiere, kommen mir zum ersten Mal die Tränen. Endlich kann ich weinen. Erschöpft und ausgetrocknet, befreien sich Körper und Kopf in langsamen Tränenströmen.

Eigentlich habe ich nicht nah am Wasser gebaut. Als Kind war ich immerzu fröhlich, unbekümmert und gern zu harmlosen Streichen und mädchenhaftem Kichern aufgelegt.

Ich erinnere mich, nur einmal geweint zu haben, und zwar etwa im Alter von zehn Jahren. Meine Geschwister jagten ein kleines Küken, und das arme Tier war auf der Flucht mitten in das Feuer gelaufen, auf dem ich meine *chapatis* backen wollte. Zu meinem grenzenlosen Entsetzen konnte ich das Küken nicht retten. Ich habe Wasser in die Flammen geschüttet, doch es war zu spät. Es ist vor meinen Augen zwischen den Teigfladen gestorben.

Fest davon überzeugt, dass es meine Schuld war, dass ich zu ungeschickt war, das arme Tier vor diesem grausamen Schicksal zu bewahren, weinte ich den ganzen Tag über den Tod des kleinen unschuldigen Vogels. Ich habe dieses Schuldgefühl nie vergessen, es hat mich jahrelang verfolgt, und sogar heute fühle ich mich noch verantwortlich, wenn ich daran zurückdenke. Wäre ich nicht so ungeschickt gewesen, hätte ich das Tier vielleicht gerettet, es wäre gewachsen, hätte noch lange Zeit gelebt. Ich hatte das Gefühl, eine Sünde begangen zu haben, weil ich ein Lebewesen getötet hatte.

Ich habe um dieses tote Küken, das innerhalb weniger Sekunden verbrannt ist, viele Tränen vergossen. Ähnlich wie ich heute um mich selbst weine. Ich fühle mich schuldig, vergewaltigt worden zu sein. Das ist ein unbeschreiblich schreckliches Gefühl, weil es nämlich gar nicht meine Schuld ist. Ich wollte den Tod des Kükens nicht, genauso wie ich nichts getan habe, um diese Demütigung erdulden zu müssen.

Meine Peiniger kennen keine Schuldgefühle. Ich dagegen

bin nicht in der Lage zu vergessen. Ich kann mit niemandem über die Grausamkeiten sprechen, die mir widerfahren sind. Denn das gehört sich nicht. Jedenfalls bin ich außerstande, es zu tun. Allein der Gedanke, diese schreckliche Nacht noch einmal durchleben zu müssen, ist mir unerträglich. Ich vertreibe jegliche Erinnerung an jene Vorfälle aus meinem Kopf, sobald sie hochkommt. Ich will mich nicht erinnern. Aber das ist unmöglich.

Während ich wieder einmal dasitze und über mein Leben nachdenke, höre ich plötzlich Schreie im Haus. Ich fahre hoch und brauche einen Moment, bis ich verstehe, was vorfällt: Die Polizei trifft ein!

Als ich mein Zimmer verlasse, sehe ich gerade noch Shakkur losrennen. Mein kleiner Bruder ist derart in Panik, dass er, ohne es zu merken, geradewegs auf das Anwesen der Mastoi zusteuert! Und mein Vater, ebenso kopflos, hinterdrein.

Im ersten Augenblick überfällt mich ebenfalls ein Anflug von Panik, doch dann rufe ich mich zur Raison. Nur ich kann die beiden jetzt beruhigen und davon abhalten, sich direkt ins Unglück zu stürzen.

»Papa, komm zurück!«, schreie ich und haste in den Hof »Hab keine Angst! Dreh um, Shakkur!«

Als mein Vater die Stimme seiner Tochter hört, die er seit mehreren Tagen nicht vernommen hat, hält er inne. Er hat gerade seinen Sohn eingeholt, und die beiden kehren zögerlich in unseren Hof zurück, wo die Polizisten warten.

Es ist sonderbar, aber ich habe mit einem Mal vor nichts mehr Angst, schon gar nicht vor der Polizei.

»Wer von euch ist Mukhtaran Bibi?«, fragt einer der Männer.

»Das bin ich«, antworte ich mit fester Stimme, ohne ihn jedoch anzusehen.

»Tritt näher!«, fordert er mich auf. »Du musst sofort mit

uns aufs Revier kommen. Shakkur und dein Vater ebenfalls. Wo ist dein Onkel?«

Noch ehe ich auf die Frage antworten kann, verfrachten sie uns in ihren Wagen, und wir fahren los. Meinen Onkel holen wir unterwegs ab, nachdem mein Vater ihnen gesagt hat, wo sie ihn finden.

Die Polizisten bringen uns auf dem kürzesten Wege zum Revier des Bezirks Jatoi, zu dem unser Dorf gehört. Dort befiehlt man uns zu warten, bis der Chef eintrifft. Zwar gibt es mehrere Stühle, doch niemand bietet uns einen Platz an.

Offenbar schläft der Chef, doch das sagt uns natürlich niemand. Es heißt lediglich: »Man wird Sie rufen!«

Außer uns sind auch noch ein paar Journalisten anwesend. Sie stellen uns Fragen, wollen ganz genau wissen, was mir widerfahren ist.

Zunächst halte ich mich zurück, und ihre Anwesenheit ist mir unangenehm. Doch plötzlich überkommt es mich, und ich fange an zu sprechen. Ich erzähle ihnen alles – natürlich ohne intime Einzelheiten zu erwähnen, die das Schamgefühl der Frau betreffen. Ich nenne sogar die Namen meiner Vergewaltiger, beschreibe die Umstände und erkläre, wie das Ganze durch die falsche Anklage gegen meinen Bruder begonnen hat.

So wenig ich auch von den Gesetzen und vom Rechtssystem weiß, das den Frauen ja nicht zugänglich ist, spüre ich dennoch instinktiv, dass ich die Anwesenheit dieser Journalisten unbedingt nutzen muss.

Da taucht plötzlich völlig aufgelöst ein Mitglied unserer Familie, einer meiner Cousins, auf dem Revier auf. Die Mastoi haben erfahren, dass ich hier bin, und nun drohen sie uns erneut Repressalien an.

»Sag denen bloß nichts«, rät mir mein Cousin. »Sie werden dich auffordern, einen Polizeibericht zu unterzeichnen. Tu es bitte nicht, Mukhtaran. Du musst dich aus dieser Angelegenheit heraushalten. Wenn du nach Hause zurückkommst, ohne Anzeige erstattet zu haben, dann lassen sie uns in Ruhe. Sonst …«

Doch ich kann dieser Bitte nicht nachkommen, denn ich habe beschlossen zu kämpfen. Zu diesem Zeitpunkt weiß ich noch nicht, warum uns die Polizei hierher gebracht hat. Erst später soll ich erfahren, dass sich meine Geschichte dank eines Artikels in der Lokalzeitung wie ein Lauffeuer im ganzen Land verbreitet hat. Sie ist bis nach Islamabad vorgedrungen, und sogar in anderen Ländern der Welt kennt man nun meine Geschichte!

Die Regierung der Provinz Punjab, in Sorge wegen dieses ungewöhnlichen öffentlichen Interesses, hat die örtliche Polizei aufgefordert, so schnell wie möglich meine Aussage zu Protokoll zu bringen. Schließlich ist es noch nie vorgekommen, dass die Mitglieder einer *jirga* eine Massenvergewaltigung als Strafe angeordnet und sich dabei über die Meinung des Mullahs hinweggesetzt haben.

Wie die meisten Frauen, die weder lesen noch schreiben können, weiß ich derart wenig über die Gesetze meines Landes und meine Rechte, dass ich glaube, gar keine zu besitzen. Doch allmählich beginne ich zu ahnen, dass ich über einen ganz anderen Weg als den Selbstmord meine Rache verwirklichen kann. Was scheren mich Drohungen oder Gefahren? Etwas Schlimmeres als die Demütigung durch die Mastoi kann mir ohnehin nicht widerfahren.

Als mein Vater merkt, was in mir vorgeht, stellt er sich ganz unerwartet auf meine Seite. Das macht mich unglaublich stolz und verleiht mir den letzten Rest an Mut, den ich brauche.

Wenn ich gebildet wäre, wenn ich lesen und schreiben könnte, wäre zweifellos alles einfacher. Doch meine Familie hinter mir wissend schlage ich einen Weg ein, der mir bisher völlig fremd ist.

Denn die Polizei in unserer Provinz ist direkt den höheren Kasten unterstellt. Die Ordnungshüter gebärden sich als besessene Hüter der Tradition, als Verbündete der Stammesfürsten. Demnach übernehmen sie automatisch einen von der *jirga* gefassten Entschluss, ganz gleich, wie er ausfällt. Es ist unmöglich, eine einflussreiche Familie in Dorfangelegenheiten, deren Klärung dem Stammesrat obliegt, zu beschuldigen, vor allem wenn eine Frau das Opfer ist.

Meist kooperiert die Polizei mit dem Schuldigen, den sie in der Regel nicht als solchen betrachtet. Eine Frau ist von der Geburt bis zu ihrer Eheschließung nichts als ein Tauschobjekt. Der Brauch will, dass sie keine Rechte hat. Sie wird in diesem Sinne erzogen, und niemand hat mir je gesagt, dass es in Pakistan eine Verfassung gibt, ebenso wie Gesetze und Rechte, die sogar in einem Buch festgehalten sind. Ich habe noch nie in meinem Leben einen Anwalt oder Richter gesehen. Das offizielle Rechtssystem meines Landes ist mir gänzlich unbekannt. Es ist den Gebildeten und Reichen vorbehalten.

Ich weiß nicht, wohin mich mein Entschluss, Anzeige zu erstatten, führen wird. Vorerst dient sie mir als Sprungbrett, um überhaupt zu überleben. Sie verleiht meiner Revolte und meiner Demütigung eine unbekannte Waffe, die mir kostbar erscheint, weil es die einzige ist, über die ich verfüge. Entweder Gerechtigkeit oder Tod. Vielleicht auch beides.

Doch mein Triumphgefühl ist nur von kurzer Dauer. Als mich ein Polizeibeamter gegen zehn Uhr abends allein in ein Büro führt, mich vor seinem Tisch stehen lässt und anfängt, die Antworten auf die Fragen, die er mir stellt, niederzuschreiben, überkommt mich ein anderes Gefühl: Argwohn.

Er steht dreimal auf, um seinen Vorgesetzten aufzusuchen, den ich selbst zu keinem Zeitpunkt persönlich treffe. Jedes Mal kommt er zurück und schreibt höchstens drei Zeilen, obwohl ich lange und ausführlich geantwortet habe. Schließlich fordert er mich auf, meinen Daumen erst auf das Stempelkissen und danach als Unterschrift auf die Seite zu drücken.

Auch ohne lesen zu können, ohne gehört zu haben, was er mit seinem Vorgesetzten besprochen hat, ist mir klar, dass er auf einer halben Seite nur das festgehalten hat, was ihm sein Befehlshaber diktiert hat. Besser gesagt das Oberhaupt des Stammes der Mastoi. Ich habe zwar nicht die Gewissheit, wohl aber das sichere Gespür. Er liest mir nicht einmal vor, was er geschrieben hat.

Es ist zwei Uhr am Morgen, und ich habe soeben meinen Fingerabdruck auf ein Dokument gesetzt, in dem vermerkt ist, dass nichts passiert ist und dass ich gelogen habe. Ich habe nicht einmal gemerkt, dass er den Bericht mit einem falschen Datum versehen hat. Wir haben den 28. Juni, und er hat »30. Juni« geschrieben. Er hat sich einen Aufschub von zwei Tagen gegönnt, offenbar ist die Angelegenheit nicht dringlich für ihn.

Als meine Begleiter und ich das Polizeirevier von Jatoi verlassen, müssen wir zusehen, wie wir in unser Dorf zurückkommen, das Kilometer von hier entfernt liegt. Es ist jemand mit einem Motorrad da. Normalerweise hätte er uns bereitwillig gefahren – diese Transportart ist durchaus üblich. Allerdings weigert er sich, Shakkur und mich mitzunehmen, wohl aus Angst, unterwegs einem Mastoi zu begegnen.

»Deinen Vater will ich gerne nach Hause bringen«, erklärt der Mann auf unsere Nachfrage und hebt entschuldigend die Hände.

Wir können ihn nicht umstimmen, und so ist mein Cousin, der vorbeigekommen ist, um uns über die Drohungen der Mastoi zu informieren, schließlich gezwungen, uns zu begleiten. Aus Angst macht er allerdings einen Umweg, um nicht die übliche Strecke zu fahren.

Nichts wird von diesem Augenblick an mehr wie früher sein. Ich bin ja selbst schon eine andere. Ich weiß nicht, wie ich kämpfen muss, um mich zu rächen und zu meinem Recht zu kommen. Doch der neue Weg, der einzig mögliche, ist bereits unauslöschlich in meinem Kopf. Meine Ehre und die meiner Familie hängen davon ab. Wenn ich sterbe, so sterbe ich nicht gedemütigt. Ich habe lange Tage gelitten, habe viel geweint, habe sogar den Selbstmord in Betracht gezogen … Jetzt ändere ich mein Verhalten, auch wenn mir das vorher undenkbar erschienen ist.

Indem ich den verstrickten Pfaden des offiziellen Gesetzes folge, habe ich außerhalb meiner Familie nur ein einziges Mittel zur Verfügung: die Revolte.

Sie ist so mächtig wie bis dahin meine Unterwerfung.

2

Ein außergewöhnlicher Richter

Um fünf Uhr morgens sind wir endlich wieder zu Hause, und ich falle völlig erschöpft von dem anstrengenden Tag auf meine Pritsche in unserem Hof.

Während ich daliege und in die Dunkelheit starre, frage ich mich: Habe ich das Recht, die von der Stammestradition festgelegte Ordnung ins Wanken zu bringen? Schließlich bin ich nur ein einfacher Mensch. Und eine Frau dazu.

Inzwischen weiß ich, dass die Entscheidung, mich zu vergewaltigen, vor der gesamten Dorfversammlung gefällt worden ist. Mein Vater und mein Onkel haben sie ebenso vernommen wie die anderen Dorfbewohner. Meine Familie hoffte, endlich Vergebung zu erlangen. In Wahrheit sitzen wir alle in derselben Falle, und ich war von vornherein verurteilt.

Doch welche Zweifel und Ängste mich auch quälen mögen – es ist zu spät, ich kann die Zeit nicht zurückdrehen und die Ereignisse ungeschehen machen. Die Männer des Punjab, egal, ob Mastoi, Gujjar oder Belutschen, sind nicht in der Lage, sich vorzustellen, wie schmerzlich und unerträglich es für eine Frau ist, erzählen zu müssen, was sie durchgemacht hat. Dabei habe ich diesem Polizisten gegenüber keine Einzelheiten preisgegeben. Allein das Wort »Vergewaltigung« ist meines Erachtens ausreichend.

Wie ich so daliege, sehe ich den dunkelhaarigen Polizisten wieder vor mir, der mich nach den Einzelheiten fragt. Was habe ich ihm gesagt? Nicht viel. Dass sie zu viert waren. Dass

Faiz den Befehl gegeben hat. Dass ich in ihre zu allem entschlossenen Gesichter gesehen habe. Dass sie mich danach hinausgeworfen haben und ich meinen halb nackten Körper unter den Blicken der vielen wartenden Männer nur notdürftig verhüllen konnte, bevor ich losging. Das Ganze ist ein Alptraum, den ich aus meinem Gedächtnis zu vertreiben versuche. Allein die Erinnerung an den Nachmittag auf dem Polizeirevier jagt mir einen eiskalten Schauer über den Rücken.

Ich könnte die Ereignisse jener verhängnisvollen Nacht nicht immer wieder erzählen, denke ich verzweifelt, denn dann müsste ich sie jedes Mal erneut durchleben. Und dazu wäre ich nicht in der Lage. Das eine Mal heute auf dem Revier war schon mehr, als ich verkraften kann. Wenn ich dort nur eine Vertrauensperson gehabt hätte – mit einer Frau zu sprechen wäre weniger schmerzhaft gewesen. Aber bei der Polizei, ebenso wie bei der Justiz, gibt es nur Männer, nichts als Männer.

Obwohl ich todmüde bin, kann ich nicht einschlafen. Ich mache mir Sorgen, wie es jetzt weitergehen soll. Zu Recht, denn die Sache ist noch nicht zu Ende.

In aller Frühe am nächsten Morgen tauchen erneut Polizisten bei uns auf. Diesmal wollen sie mich auf das weiter entfernte Hauptrevier der Provinz Punjab bringen. Angeblich, um einige »Formalitäten« zu klären.

Völlig übermüdet von der ruhelosen Nacht füge ich mich, obwohl ich am liebsten laut schreien möchte, dass sie mich in Ruhe lassen sollen.

Ich weiß nicht, was sie noch von mir wollen, ich habe doch schon alles erzählt. Je länger ich darüber nachdenke, desto mehr scheinen sich die einzelnen Puzzleteile zu einem Bild zusammenzufügen. Da die örtliche Presse über meine Vergewaltigung berichtet hat, fürchten sie vielleicht, es könnten sich noch mehr Journalisten für den Fall interessieren. Womöglich haben sie Angst, dass diese, dass meine Geschichte zu weite Kreise zieht. Aber das sind alles nur vage Vermutungen.

Es fällt mir unendlich schwer, mich zu bewegen, und die Blicke der Männer zu ertragen empfinde ich als unglaublich demütigend. Wie soll ich nach dieser Prüfung noch schlafen, essen, trinken?

Dennoch gehe ich mit ihnen, und wie schon auf meinem Rückweg vom Anwesen der Mastoi setze ich mechanisch einen Fuß vor den anderen. Ich steige in den bereitstehenden Wagen, das Gesicht mit meinem Schal verhüllt, und starre die ganze Fahrt über mit leerem Blick vor mich hin.

Ich bin eine andere Frau geworden.

Mehrere Stunden später sitze ich auf dem Revier in einem leeren Raum am Boden. Der Putz bröckelt von den kahlen Wänden, es riecht unangenehm, und ich habe schrecklichen Durst.

Ich bin nicht alleine. Um mich herum sitzen mehrere Personen, die ich nicht kenne und die wie ich auf etwas zu warten scheinen. Niemand redet, keiner sieht den anderen an, und die Atmosphäre im Raum ist gespannt. Ich fühle mich sehr unwohl, denn weder weiß ich, was ich hier soll, noch, was mich erwartet, und allmählich werde ich unruhig. Niemand kommt, um mich zum Verhör abzuholen, niemand sagt mir, wie es weitergeht.

Da kein Mensch mit mir spricht oder mir irgendetwas erklärt, habe ich viel Zeit, darüber nachzudenken, wie man uns Frauen in diesem meinem Land behandelt. Die Männer »wissen«, und wir Frauen müssen still sein und abwarten. Warum sollten sie uns informieren? Schließlich sind es die Männer, die entscheiden, die regieren, die handeln, die richten.

Mir fallen die ausgezehrten Ziegen ein, die draußen im Hof angebunden sind, damit sie nicht weglaufen können. Ich zähle nicht mehr als eine Ziege – auch wenn ich keinen Strick um den Hals habe.

Die Minuten vergehen, dehnen sich zu Stunden, und als ich die Hoffnung schon fast aufgegeben habe, kommen mein Vater und Shakkur herein. Sie wollen mir wohl beistehen und nachsehen, was los ist. Die Polizisten schließen sie kurzerhand im selben Raum mit mir und den fremden Personen ein.

Bis zum Abend lassen sie uns hier schmoren, und wir wagen es nicht, miteinander zu sprechen. Bei Sonnenuntergang holen uns zwei Polizisten ab und fahren uns nach Meerwala zurück. Kein Verhör, keine »Formalitäten«.

Ich habe das Gefühl, dass man mich von etwas fernhalten will, ohne zu wissen, wovon, doch das bin ich gewöhnt. Als Kind und als junges Mädchen konnte ich auch immer nur lauschen und versuchen zu begreifen, worüber die Erwachsenen sprachen. Ich durfte weder Fragen stellen noch das Wort ergreifen, sondern konnte nur warten, bis die aufgeschnappten Worte für mich einen Sinn ergaben.

Am nächsten Morgen um fünf Uhr früh stehen die Polizisten erneut vor unserer Tür, um mich abzuholen. Sie bringen mich an denselben Ort, in denselben Raum. Erneut sitze ich dort den ganzen Tag herum, bis sie mich bei Einbruch der Dunkelheit wieder nach Hause fahren. Am dritten Tag wiederholt sich die Prozedur noch einmal, und auch diesmal vergeht der Tag, ohne dass etwas geschieht.

Ich zerbreche mir den Kopf, was das alles soll, und komme zu dem Schluss, dass sie mich höchstwahrscheinlich deshalb einsperren, weil Journalisten in der Gegend sind. Später wird sich diese Annahme bestätigen, doch noch ist es nur eine Vermutung.

Hätte ich es zu dem Zeitpunkt schon gewusst, so hätte ich mich geweigert, mein Haus zu verlassen und den Polizisten zu folgen.

Am dritten und letzten Tag bringen sie gegen Abend wieder meinen Vater, Shakkur und außerdem den Mullah Abdul Razzak aufs Revier. Ich bekomme die drei allerdings nicht zu Gesicht, denn es gibt, wie ich später herausfinden werde, zwei getrennte Räume: einen für strafrechtliche, den anderen für zivilrechtliche Angelegenheiten. Ich befinde mich auf der Strafrechtsseite, die anderen auf der Zivilrechtsseite.

Später erzählen sie mir, wie es ihnen ergangen ist. Alle drei mussten sie ihre Sichtweise der Dinge zu Protokoll geben, bevor mich die Polizisten dann als Letzte hereinholen.

Beim Hinausgehen flüstert mir der Mullah zu: »Pass auf! Sie schreiben in die Protokolle, was sie wollen.«

Jetzt bin ich an der Reihe, und kaum habe ich das Büro des für die Provinz Punjab zuständigen Unterpräfekten betreten, wird mir so manches klar.

»Weißt du, Mukhtar«, beginnt er und streicht sich über seinen grauen Bart, der ein faltiges Gesicht ziert. »Wir kennen Faiz Mohammed von den Mastoi sehr gut, und er ist gewiss kein schlechter Mensch. Dennoch beschuldigst du ihn.« Er macht eine kurze Pause und lehnt sich auf seinem Stuhl zurück. »Warum tust du das? Es führt doch zu nichts!«

Bei seinen Worten verschlägt es mir fast den Atem. Ich kann kaum glauben, was ich da gerade gehört habe, und hole tief Luft, um meine Wut zu bekämpfen. »Aber Faiz hat zu den Männern gesagt: ›Sie ist da. Macht mit ihr, was ihr wollt!‹«, protestiere ich.

»So etwas darfst du nicht behaupten, Mukhtar«, versucht er mir einzuschärfen. »Das hat mit Sicherheit nicht er gesagt.«

»Doch!«, widerspreche ich. Auch wenn es schmerzt, ich muss die Wahrheit wiederholen, denke ich und versuche meine Stimme nicht zittern zu lassen. »Die anderen Männer haben mich daraufhin an den Armen gepackt. Ich habe um Hilfe geschrien, gefleht …« Ich stocke.

Der Unterpräfekt sieht mich wohlwollend an. »Ich werde jetzt alles aufschreiben, was du gesagt hast, und dir anschließend das Protokoll vorlesen.« Er nickt heftig, als wolle er dadurch seine Ankündigung untermauern. »Aber morgen bringe ich dich zum Gericht, und vor dem Richter musst du vorsichtig sein, sehr vorsichtig. Du wirst morgen genau das wiederholen, was ich dir jetzt erkläre. Ich habe alles vorbereitet, und ich weiß, dass es so gut für dich ist, ebenso wie für deine Familie und alle anderen Beteiligten.«

Ich weiß nicht, worauf er hinaus will, doch ich spüre, dass nicht alles mit rechten Dingen zugeht. »Sie haben mich vergewaltigt!«, sage ich daher schnell.

»Du darfst nicht sagen, dass du vergewaltigt wurdest!«, erwidert der Beamte streng und verleiht seinen Worten mit einer energischen Geste Nachdruck.

Auf seinem Schreibtisch liegt ein Blatt mit seinen Notizen. Wie soll ich herausfinden, was dort steht? Wenn ich doch nur lesen könnte, denke ich verzweifelt und fühle mich unendlich hilflos.

»Du darfst den Namen Faiz morgen unter keinen Umständen erwähnen«, schärft mir der Unterpräfekt nun ein. »Ebenso wenig darfst du sagen, dass du vergewaltigt worden bist. Oder dass er irgendetwas befohlen oder getan hat.«

»Aber er war da!«

»Du kannst ruhig angeben, dass er anwesend war, denn das ist bekannt, dafür gibt es mehrere Zeugen. Aber behaupten, dass Faiz irgendetwas angeordnet habe … Nein, das geht nicht! Du kannst zum Beispiel sagen, Faiz habe gerufen: ›Sie ist da, verzeiht ihr!‹«

Ich werde wütend und gehe im Raum auf und ab, um mich abzureagieren. »Ich weiß, was ich zu sagen habe, ich weiß es genau. Außerdem habe ich es schon getan! Ich muss mir nicht anhören, was du mir erzählst!«, schreie ich und stürze aus dem Raum.

Im nächsten Moment stehe ich auch schon auf dem Flur. Ich will hier weg, sofort. Wieder einmal fühle ich mich gedemütigt und bin zutiefst empört. Eins ist mir klar: Dieser Beamte will um jeden Preis, dass ich den Stammesführer der

Mastoi entlaste. Er glaubt wohl, mich genügend einschüchtern zu können, damit ich aufgebe.

Was hat er noch behauptet? Er kenne Faiz und dieser sei kein so schlechter Mensch? Das halbe Dorf weiß, wozu dieser Mann fähig ist. Und Shakkur und ich sind seine Opfer.

Wenn dieser Kerl tatsächlich »kein so schlechter Mensch« wäre, wie der Unterpräfekt so schön behauptet, wieso hindert er dann die Angehörigen meines Stammes daran, ein paar Meter Land zu kaufen? Ganz klar: um sie sich selbst zu nehmen. Das ist die Macht der Großgrundbesitzer. Es fängt mit dem Land an und endet mit Vergewaltigung.

Ich bin vielleicht arm und Analphabetin und habe mich bisher nie um die Belange der Männer gekümmert, doch ich habe Ohren, um zu hören, und Augen, um zu sehen. Und ich habe auch eine Stimme, um zu sprechen, um zu sagen, was ich mitzuteilen habe!

Ein Polizist ist mir aus dem Büro des Unterpräfekten gefolgt. Er zieht mich beiseite, weg von meinem Vater und dem Mullah, die vor der Tür auf mich warten.

»Komm, hör mir gut zu«, versucht er mich zu besänftigen. »Beruhige dich, Mukhtaran Bibi. Pass auf, du musst wiederholen, was wir dir sagen, das ist das Beste für dich, das Beste für uns alle.«

Noch ehe ich antworten kann, führt ein anderer Polizist meinen Vater, den Mullah und Shakkur in das Büro, das ich soeben verlassen habe, und sagt: »Die Sache muss sofort erledigt werden. Am besten ihr unterschreibt, und wir füllen den Rest später aus!«

Ich sehe gerade noch, wie er drei weiße Blätter vor sie hinlegt, dann schließt sich die Tür hinter den Männern.

Kurz darauf kommt er wieder heraus und wendet sich an mich. »Dein Vater, Mullah Razzak und Shakkur sind einverstanden, sie haben bereits unterschrieben. Wir machen jetzt schnell noch den Rest. Die vierte Seite ist für dich. Folge ihrem Beispiel, und druck als Unterschrift deinen Finger darauf. Kein Problem, wir halten genau das im Protokoll fest, was du gesagt hast. Drück einfach deinen Daumen darauf.«

Im ersten Moment durchzuckt mich ein ungutes Gefühl, die Sache kommt mir komisch vor. Aber dann denke ich: Wenn der Mullah unterschrieben hat, wird es schon seine Richtigkeit haben. Zu ihm habe ich großes Vertrauen, und so höre ich nicht auf meine leise Ahnung. Stattdessen tue ich, was der Polizist von mir verlangt, und presse meinen Daumen unten auf das weiße Blatt.

»Sehr gut«, lobt er mich, und ein zufriedenes Lächeln huscht über sein Gesicht. »Siehst du, das ist lediglich eine Formalität. Nachher bringen wir euch zum Gericht. Wartet so lange hier.«

Gegen neunzehn Uhr, die Sonne ist längst untergegangen, steigen wir in zwei Streifenwagen. Der Mullah fährt allein im ersten mit, wir drei im anderen. Unterwegs erhalten die Polizeibeamten eine Nachricht vom zuständigen Richter, der ihnen erklärt, er könne jetzt nicht zum Gericht kommen, da er Gäste habe. Sie sollen uns doch bitte zu ihm nach Hause fahren.

Kaum sind wir dort eingetroffen, ändert er seine Meinung wieder. »Nein, das geht nicht, hier sind zu viele Leute. Letztendlich ist es im Gericht doch besser. Bringt sie hin, ich komme gleich nach.«

Gesagt, getan. Kurz darauf stehen wir vor der Tür des Gerichtsgebäudes und warten. Als der Richter endlich eintrifft, bemerke ich einen zweiten Streifenwagen, aus dem Faiz und vier weitere Männer aussteigen. Leider kann ich sie in der Dunkelheit sehr schlecht erkennen. Daher bin ich mir nur bei dem Stammesführer der Mastoi sicher, vermute aber, dass es sich bei den anderen um meine Vergewaltiger handelt.

Ich wusste nicht, dass sie ebenfalls vorgeladen sind, und hätte deswegen gerne meinen Vater gefragt. Wegen der Polizisten wagen wir es allerdings nicht, miteinander zu sprechen.

Shakkur hat sowieso noch kein einziges Wort gesagt, er wirkt sehr traurig und bedrückt, und ich mache mir Sorgen um ihn. Auch wenn die Wunden in seinem Gesicht gut verheilen, trägt es noch immer die Spuren der Tortur, die er durchlebt hat. Ich hoffe, dass auch er sich zu verteidigen weiß. Aber er ist jung – zu jung, um an einem Tag mit der Polizei und dem Gericht konfrontiert zu werden. Ich frage mich, ob sie auch ihm geraten haben, niemanden zu beschuldigen.

Zum Glück ist mein Vater da. Er beschützt uns, wie er es immer getan hat, ganz im Gegensatz zu manch anderen Vätern, die ohne zu zögern ihren Sohn oder ihre Tochter opfern würden, um nicht selbst in Schwierigkeiten zu geraten. So hat er mich auch bei meiner Scheidung unterstützt, nachdem er begriffen hatte, dass der für mich ausgewählte Ehemann kein guter Mensch war, der außerdem seine Versprechen nicht hielt. Mein Vater ist, ebenso wie ich, so lange hart geblieben, bis er die *talaq,* also die Auflösung der Ehe, erwirkt hatte.

Allein der Ehemann kann die *talaq* gewähren, ansonsten ist es für eine Frau unmöglich, sich scheiden zu lassen. Man muss den Antrag vor einem Richter rechtfertigen, was teuer und nicht immer erlaubt ist. Ich habe meine Freiheit dank meines Vaters und meiner Hartnäckigkeit wiedererlangt – sie ist die einzige Kraft, die wir Frauen den Männern entgegenzusetzen haben.

Und mein Vater hatte trotz des Urteils zur Vergewaltigung bis zuletzt gehofft, Faiz würde uns nach dem Stammesrecht vor dem Dorfrat Vergebung gewähren. Er selbst hat mir noch gesagt, bevor wir uns auf den Weg zum Anwesen meiner Peiniger gemacht haben, dass dieses Gesetz irgendwo geschrieben stehe. Sogar im Fall eines Mordes in einer Familienangelegenheit sei Vergebung möglich. Aber in Wirklichkeit unterstützt dieses Gesetz lediglich den Stärkeren: Er kann eine Kränkung verzeihen, ist jedoch in keiner Weise dazu verpflichtet. Davon mal abgesehen haben die Mastoi die Mehrheit in der *jirga* – wer sollte ihnen da ernsthaft etwas entgegensetzen?

Da die Mastoi nicht bereit waren zu vergeben, tue ich es auch nicht. Die Schmach, die sie angeblich erlitten haben, ist nicht mit der meines Bruders oder der meinen vergleichbar. Die Ehre gehört nicht nur den Mächtigen.

Nachdem wir das Gebäude mit einigem Abstand vor Faiz und den anderen Männern betreten haben, stehe ich nun vor dem Richter. Diesmal werde ich gleich zu Beginn befragt.

Der Richter ist ein vornehmer, sehr höflicher Mann – der Erste, der einen weiteren Stuhl verlangt, damit ich mich setzen kann. Und statt herrisch auf seiner Richterbank zu thronen, nimmt er mir gegenüber am Tisch Platz. Er lässt sogar eine Karaffe Wasser und Gläser bringen. Als ich an meinem Glas nippe, bin ich ihm sehr dankbar, denn der Tag war lang und anstrengend.

»Hör zu, Mukhtar Bibi«, beginnt er und sieht mich aus seinen dunklen Augen ruhig an. »Du darfst nie vergessen, dass du vor einem Richter stehst. Erzähl mir die ganze Wahrheit, alles, was passiert ist. Hab keine Angst. Ich muss wissen, was dir widerfahren ist. Du bist allein mit mir und meinem Assistenten, der aufschreiben wird, was du zu Protokoll gibst. Dies ist ein Gericht, und es ist meine Aufgabe, die Ereignisse zu beurteilen. Hab Vertrauen.«

So ruhig wie möglich, aber mit zugeschnürter Kehle beginne ich meinen Bericht. Dabei habe ich mir doch geschworen, nie wieder darüber zu sprechen. Es ist leidvoll, die Vergewaltigung noch einmal Revue passieren zu lassen. Immer wieder muss ich meine Schilderungen unterbrechen, weil mich meine Gefühle überwältigen.

Der Richter hört mir aufmerksam und geduldig zu. Zwischendurch ermutigt er mich und ruft mir immer wieder in Erinnerung: »Denk daran, sag mir die ganze Wahrheit! Kein

Druck, keine Angst, erzähl mir alles, und zwar von Anfang an.«

Obwohl ich diesen Mann nicht kenne, vertraue ich ihm. An seiner Art sich auszudrücken, spüre ich, dass er unparteiisch und gerecht ist. Seine Haltung entspricht in nichts derjenigen der Polizeibeamten. Weder droht er mir, noch spricht er an meiner Stelle; er will nur die Wahrheit hören. Und er lauscht meinen Worten andächtig, ohne jede Verachtung. Sobald er sieht, dass meine Gefühle mich übermannen und ich zu zittern oder zu schwitzen beginne, unterbricht er mich. »Nimm dir Zeit, beruhige dich. Trink ein Glas Wasser.«

Die Anhörung dauert gut eineinhalb Stunden. Der Richter will sämtliche Einzelheiten wissen, alles, was sich in dem finsteren, kahlen Raum zugetragen hat.

Und ich verschweige nichts, sondern berichte wirklich alles. Sogar die Einzelheiten, die ich noch niemandem, nicht einmal meiner Mutter, anvertraut habe.

Nachdem ich geendet habe, nimmt er auf seinem Richterstuhl Platz. »Du hast gut daran getan, mir die Wahrheit zu sagen. Gott wird entscheiden«, sagt er und macht sich Notizen.

Inzwischen bin ich so müde, dass ich den Kopf auf die Tischplatte lege und für einen Moment erschöpft die Augen schließe. Ich möchte nur noch nach Hause und schlafen. Mein einziger Wunsch ist, dass man mir keine Fragen mehr stellt.

Als Nächstes lässt der Richter Abdul Razzak eintreten, und wie schon bei mir wendet er sich auch an den angesehenen Mullah mit großer Höflichkeit.

»Sie müssen mir die Wahrheit sagen«, verlangt er von dem Mann mit dem langen grauen Bart. »Sie tragen eine große Verantwortung, ich verlasse mich auf Sie«, ermahnt er Razzak. »Sie dürfen nichts vor mir verbergen.«

Der Mullah beginnt zu sprechen, und obwohl ich wissen möchte, was er zu Protokoll gibt, höre ich bald schon fast nichts mehr. Kurz darauf schlafe ich ein, von Müdigkeit überwältigt. Ab diesem Moment erinnere ich mich an nichts mehr. Wer hat nach ihm den Saal betreten? Was hat derjenige ausgesagt? Wie hat er sich verhalten?

Alles versinkt im Nebel. Ich komme erst wieder zu mir, als mein Vater mich sanft aufweckt.

»Mukhtar, steh auf. Wir müssen gehen.«

Als wir den Saal verlassen, erhebt sich der Richter, tritt zu mir und legt mir tröstend die Hand auf den Kopf. »Halte durch«, sagt er mit sanfter Stimme. »Ich wünsche dir viel Mut. Euch allen viel Mut.«

Schließlich bringt uns die Polizei nach Hause. Ich habe nicht gesehen, wie Faiz und die anderen Männer das Gebäude verlassen haben, und ich weiß nicht, ob sie nach uns verhört werden.

Gleich am nächsten Tag stehen mehrere Journalisten vor unserem Haus, außerdem zahlreiche mir unbekannte Männer und Frauen, alles Abgesandte von Menschenrechtsorganisationen. Unter ihnen ist sogar ein Vertreter des englischen Fernsehsenders BBC, ein Pakistaner, der aus Islamabad angereist ist. Ich kann nicht sagen, wie all die Menschen hergekommen sind oder wer sie über meinen Fall informiert hat. Es sind so viele Fremde, dass ich bald schon den Überblick verloren habe, wer von ihnen wen vertritt.

Doch das war erst der Anfang. Täglich herrscht nun bei uns reges Treiben. Noch nie hat unser kleines Haus einen solchen Zustrom erlebt – die Hühner laufen aufgescheucht im Hof herum, der Hund bellt, und vier Tage lang drängen sich alle um mich.

Ich erzähle meine Geschichte inzwischen ohne Furcht, außer wenn jemand zu genaue Einzelheiten wissen will. Bald schon begreife ich, dass mich dieser Aufruhr im Dorf vor den Drohungen unserer nicht ungefährlichen Nachbarn nur schützen kann. Wenn all diese Menschen von meinem Schicksal erfahren wollen, dann deswegen, weil ich den Aufstand aller vergewaltigter Frauen in meiner Region symbolisiere. Zum ersten Mal wird eine Frau in diesem Land zu einem Symbol.

Von all den fremden Menschen erfahre ich Dinge, die mir bisher unbekannt sind. Ich höre von Dramen, über welche die Zeitungen berichtet haben, von anderen Vergewaltigungen, anderen Gewalttaten. Jemand liest mir einen Report vor, den einige Hilfsorganisationen den Behörden des Punjab vorgelegt haben und in dem es heißt, dass im Monat Juni des Jahres 2002 mehr als zwanzig Frauen von dreiundfünfzig Männern vergewaltigt worden sind! Zwei von ihnen sind gestorben: Die erste wurde von ihren Peinigern ermordet, damit sie diese nicht anzeigen konnte, die zweite hat am 2. Juli, fast am selben Tag, an dem mich der freundliche Richter befragt hat, Selbstmord begangen. Sie hat den Freitod gewählt, weil es der Polizei nicht gelungen ist, ihre Vergewaltiger festzunehmen.

All das bestärkt mich in meiner Entscheidung, meinen Weg fortzusetzen – den Weg der Justiz, den Weg der Wahrheit. Ich werde diesen Weg weiter beschreiten, trotz des Drucks der Polizisten, trotz der »Tradition«, die verlangt, dass die Frauen schweigend leiden, während die Männer tun und lassen können, was sie wollen.

Tagtäglich unterhalte ich mich mit fremden Menschen, wissbegierig, neugierig. Ich sauge die Informationen förmlich in mich auf und spüre, wie mein Lebensmut zunehmend zurückkehrt.

Ich denke nicht mehr an Selbstmord.

Ich will kämpfen.

Es ist so unendlich viel zu tun. Eine engagierte Pakistanerin berichtet mir: »Die Hälfte aller Frauen in unserem Land sind Gewalttätigkeiten ausgesetzt. Sie werden zwangsverheiratet, vergewaltigt oder von den Männern als Tauschobjekt benutzt. Sie werden unmündig gehalten und sollen vor allen Dingen nicht nachdenken. Die Männer verweigern ihnen, lesen und schreiben zu lernen, zu verstehen, wie die Welt um sie herum funktioniert. Und die Frauen, fast alle Analphabetinnen, haben keine Möglichkeit, sich zu verteidigen, denn sie wissen nichts über ihre Rechte.«

Genau wie bei mir, denke ich und seufze tief. Daran muss sich etwas ändern. Ich will etwas ändern. Ich weiß nur noch nicht, wie.

Sie fährt mit ihrem Bericht fort. »Die Männer diktieren den Frauen ihre Aussagen, um jede Auflehnung im Keim zu ersticken. So, wie sie es auch bei dir versucht haben. Aber wir sind auf deiner Seite, sei tapfer.«

Sofort fallen mir die Worte des Polizisten ein, der meine Aussage zu Protokoll genommen hat. »Sag nach, was ich dir vorsage, denn das ist gut für dich …«

Kurz darauf erklärt mir ein Journalist, dass die Presse ein weiteres Vergehen von Faiz aufgedeckt habe. Die Polizei habe die Anzeige einer Mutter aufgenommen, deren noch minderjährige Tochter im Laufe des Jahres entführt und mehrmals vergewaltigt worden sei. Das Mädchen sei erst in dem Moment freigelassen worden, als die Lokalzeitungen von meinem Fall berichteten.

Meine Ohren dröhnen von all den Neuigkeiten, mir schwirrt der Kopf, und ich kann die unzähligen fremden Gesichter bald schon nicht mehr auseinanderhalten. Ich bräuchte dringend Ruhe, doch ich muss jede Gelegenheit nutzen, solange die Medien über mich berichten.

Das enorme Medieninteresse verdanke ich allein der Tatsache, dass ich den Rechtsweg gewählt habe. Natürlich trägt dazu auch die Tatsache bei, dass zum ersten Mal der Vorsitzende einer *jirga* in unserer Provinz eine Massenvergewaltigung angeordnet hat – oder zumindest, dass diese Ungeheuerlichkeit ans Tageslicht gekommen ist. Damit bin ich in gewisser Weise zu einer Symbolfigur geworden, obwohl meine Geschichte gar nicht so einzigartig, sondern in Wirklichkeit die tausender pakistanischer Frauen ist.

Ich habe den Eindruck, endlich klar zu sehen, was um mich herum passiert, und davon wird mir ganz schwindelig. Außerhalb von Meerwala, in meiner Provinz bis hin nach Islamabad, existiert eine mir unbekannte Welt. Als Kind bin ich nie weiter gekommen als bis zum nächsten Dorf, in dem Verwandte oder Freunde von uns wohnen.

Ich erinnere mich lebhaft an einen Onkel, der uns manchmal besuchen kam. Er lebte seit seiner frühen Jugend in Karatschi, und wir bewunderten ihn sehr. Meine Schwestern und ich lauschten gebannt, wenn er vom Meer erzählte, von den Flugzeugen, den Bergen und von all den Menschen, die von weither kamen. Ich muss damals sieben oder acht Jahre alt gewesen sein und hatte Mühe, all diese fremden Dinge zu begreifen. Ich wusste, dass mein Dorf in Pakistan liegt, aber mein Onkel behauptete, im Westen gebe es andere Länder, zum Beispiel Europa.

Ich hatte bisher nur von den Engländern gehört, die unser Land besetzt hatten, doch ich hatte noch nie einen gesehen. Auch wusste ich nicht, dass es so etwas wie »Ausländer« gibt, die in Pakistan leben. Unser Dorf liegt tief im Süden des Punjab, weit entfernt von den Städten, und Fernsehen habe ich zum ersten Mal an dem Tag geschaut, als mein Onkel aus Karatschi uns einen Apparat mitbrachte.

Diese bewegten Bilder haben mich sehr fasziniert. Vor allem, weil ich nicht begriff, was sich hinter dem seltsamen Kasten verbarg, wer da im selben Moment sprach wie ich, wo doch niemand außer mir im Zimmer war.

Nun stehe ich selbst vor der Kamera und lasse mich von den Fernsehteams filmen, während mich die Fotografen für ihre diversen Zeitungen ablichten.

Im Dorf heißt es bald, ich hätte mich von den Journalisten »verleiten« lassen, sie würden mich benutzen, um Artikel zu verfassen, die der Regierung des Punjab schaden. Ich sollte mich schämen, so empören sich einige, für das, was ich tue, und mich lieber umbringen oder lebendig begraben lassen.

Doch ich lerne unglaublich viel von diesen Leuten aus aller Welt. Zum Beispiel, dass hinter dem Missbrauch an meinem Bruder und an mir selbst in Wirklichkeit ein Manöver der Mastoi steckt, die uns nur von unserem Land vertreiben wollen. Die Gujjar stehen ihnen im Weg. Sie wollen nicht, dass die Bauern unseres Klans Weideland kaufen, das ihnen dann gehört. Ich weiß nicht, ob das die Wahrheit ist, aber einige Mitglieder meiner Familie sind ebenfalls von dieser Theorie überzeugt. Schließlich sind wir deutlich ärmer als die Mastoi, wir sind eine Minderheit ohne politische Unterstützung, und es ist extrem schwierig für einen Gujjar, überhaupt Land zu erwerben.

Während dieses viertägigen Presserummels wird mir wieder einmal schmerzlich bewusst, wie hinderlich es ist, nicht lesen und schreiben zu können. Denn so ist es mir fast unmöglich, mir eine eigene Meinung zu all den wichtigen Dingen zu bilden.

Zum ersten Mal in meinem Leben leide ich massiv unter dieser Situation. Und zwar deutlich mehr als unter der relativen Armut meiner Familie, denn immerhin haben wir genug zu essen. Unser Überleben ist durch zwei Rinder, eine Kuh, acht Ziegen und ein Zuckerrohrfeld gesichert.

Ich fühle mich überfordert, und es macht mich wütend, dass ich nicht weiß, was so alles über mich geschrieben wird. Der Koran ist mein einziger Schatz. Ihn trage ich in mir, in meinem Gedächtnis, er ist mein einziges Buch.

Übrigens kommen inzwischen all die Kinder nicht mehr, denen ich die Koranverse vermittle, so wie man sie mir beigebracht hat. Obwohl ich früher sehr geachtet war, gehen mir die Dorfbewohner inzwischen aus dem Weg. Ich bin ihnen irgendwie nicht mehr geheuer: zu viel Aufhebens, zu viele

Journalisten aus der Stadt, zu viele Fotoapparate und Kameras. Und zu viele Skandale.

Für die einen bin ich fast eine Heldin, für die anderen eine Aussätzige, eine Lügnerin, die es wagt, den Mastoi-Klan anzugreifen.

Um zu kämpfen, musste ich alles verlieren. Meinen Ruf, meine Ehre, alles, was mein Leben ausmachte.

Aber ich gebe nicht auf.

Was ich will, ist Gerechtigkeit.

Am fünften Tag kommen erneut zwei Polizisten zu uns und informieren mich, dass ich zum Präfekten der Provinz bestellt sei. Sie bringen meinen Vater, den Mullah, Shakkur und mich nach Muzaffargarh.

Ursprünglich hatte ich gehofft, die »Formalitäten« seien vorerst abgeschlossen und die Justiz tue nun ihre Arbeit. Doch im Büro des Präfekten treffe ich auf den Unterpräfekten und den anderen Beamten, die mir vorschreiben wollten, was ich auszusagen hätte.

Bei ihrem Anblick wird mir ganz flau im Magen. Fängt der Druck jetzt etwa wieder an?, frage ich mich und verziehe misstrauisch das Gesicht. Doch das flaue Gefühl weicht allmählich unbändigem Zorn. Ich habe dem Mullah und meinem Vater vertraut und meinen Daumen auf das unbeschriebene Blatt gedrückt. Nachträglich glaube ich, dass sie uns eine Falle gestellt haben.

Der Präfekt schickt die beiden hinaus, um alleine mit mir zu sprechen.

»Mein Mädchen«, sagt er und lächelt mich freundlich an. »Hast du Schwierigkeiten mit diesen Männern gehabt oder ihnen etwas vorzuwerfen?«

»Nein«, erwidere ich. »Es gab keine Schwierigkeiten, außer dass einer der beiden von mir verlangt hat, meinen Daumenabdruck auf ein weißes Blatt zu setzen. Er hat auch für meinen Bruder, meinen Vater und den Mullah ein solches

Papier vorbereitet, und wir wissen nicht einmal, was letztlich darauf geschrieben wurde.«

»So?«, sagt er mit nicht zu überhörender Verwunderung in der Stimme und mustert mich aufmerksam.

»Weißt du den Namen des Mannes, der dies von euch verlangt hat?«

»Nein«, sage ich. »Aber ich würde ihn wiedererkennen.« Da bin ich mir ganz sicher.

»Gut, dann lasse ich jetzt die Männer rufen, und du deutest mit dem Finger auf ihn.«

Kurz darauf stehen die beiden bereit. Ich weiß nicht, dass es sich um den Unterpräfekten der Provinzpolizei handelt, als ich auf den betreffenden Mann deute.

Der Präfekt gibt den beiden Beamten wortlos ein Zeichen, sich zu entfernen, und wendet sich dann wieder an mich. »Ich werde mich um die Angelegenheit kümmern. Momentan kann ich nicht viel dazu sagen, denn die beiden haben offenbar die Protokolle vergessen, von denen du gesprochen hast. Leider können sie aus dem Kopf nicht genau sagen, was darin steht. Deswegen habe ich sie losgeschickt, um die Unterlagen zu holen, damit wir die Sache klären können. Man wird die beiden später vorladen.«

Mit diesen Worten entlässt er mich, und ich gehe wieder nach Hause.

Zwei oder drei Tage später kommt ein Polizist vom Revier in Meerwala vorbei, um uns Bescheid zu geben, dass mein Bruder Shakkur und ich am nächsten Morgen zu einer weiteren Anhörung abgeholt werden.

Diesmal erwartet uns in Muzaffargarh allerdings zu unserem Erstaunen nicht der Präfekt, sondern ein Arzt des örtlichen Krankenhauses, in das man uns zu unserem grenzenlosen Erstaunen bringt.

Inzwischen haben nämlich auch die Mastoi Anklage erhoben. Sie haben ihre Tochter Salma zur Polizei gebracht, wo die junge Frau zu Protokoll gegeben hat, sie sei von mei-

51

nem Bruder vergewaltigt worden. Der Arzt soll nun Salma und Shakkur untersuchen, um den Anschuldigungen auf den Grund zu gehen.

Während ich mich noch frage, was ich hier eigentlich zu suchen habe, wo es doch um meinen Bruder geht, fährt ein weiterer Streifenwagen vor und die Tochter der Mastoi steigt aus.

Aus eigener Erfahrung weiß ich, dass es inzwischen recht spät für Salmas Untersuchung ist und der Arzt wohl kaum noch etwas feststellen kann. Ich selbst bin am 30. Juni, acht Tage nach den Vorfallen, einem Arzt vorgestellt worden. Natürlich hätte ich früher, am besten gleich am Tag nach dem schrecklichen Ereignis, zur Polizei gehen sollen, aber ich war nicht in der Lage dazu.

Die Beamten hatten zu meiner Untersuchung meine Kleidung mitgebracht, die meine Mutter zuvor bereits hatte waschen lassen. Später habe ich erfahren, dass der Arzt trotzdem festgestellt hat, was ich bereits wusste: Verletzungen im Intimbereich – ein eindeutiger Beweis für eine Vergewaltigung, auch wenn er mir das damals nicht gesagt hat. Ich war unendlich erleichtert, als sein Befund belegte, dass ich weder verrückt noch verwirrt war. Trotzdem überwog das seelische Leiden, das diese Demütigung angerichtet hatte, und ich schämte mich in Grund und Boden.

Für Salma, die behauptet, ebenfalls am 22. Juni vergewaltigt worden zu sein, kann die Untersuchung kaum noch aufschlussreiche Erkenntnisse liefern. Außer sie wäre noch Jungfrau, was ich angesichts ihres Lebenswandels jedoch bezweifle. Der Mediziner nimmt zunächst bei meinem Bruder einen einfachen Test vor. Er schätzt sein Alter korrekt auf zwölf, höchstens dreizehn Jahre.

Anschließend ist Salma dran. Was sie betrifft, so war ich natürlich bei der Untersuchung nicht zugegen. Später habe ich allerdings durch eine Indiskretion im Dorf etwas Interessantes erfahren. Sie soll sich nämlich, als der Arzt ihr erklärte, er sei beauftragt, die Ergebnisse von Shakkurs Test mit ihren Abstrichen zu vergleichen, eilig eine neue Version überlegt haben.

»Shakkur? Nein, der hat mich nicht vergewaltigt! Er hat mich an den Armen festgehalten, während sein großer Bruder und seine drei Cousins sich an mir vergangen haben!«

Der Arzt war wohl sehr verblüfft. »Was erzählst du da?«, stellte er sie zur Rede. »Ein zwölfjähriger Junge soll die Kraft besessen haben, dich ganz allein an den Armen festzuhalten, während dich die vier anderen vergewaltigt haben? Du willst mich wohl zum Narren halten!«

Der Mediziner hat sie dennoch eingehend untersucht – mit erstaunlichem Ergebnis. Er hat ihr Alter auf etwa siebenundzwanzig Jahre geschätzt und bestätigt, dass sie seit circa drei Jahren keine Jungfrau mehr war. Und dass sie zwischenzeitlich sogar eine Fehlgeburt hatte. Der letzte Geschlechtsverkehr fand nach Ansicht des Arztes vor dem 22. Juni statt, dem angeblichen Datum der Vergewaltigung.

Ich weiß nicht genau, wie man so etwas feststellen kann, aber ich lerne jeden Tag dazu. Bei meinem Bruder hat der Arzt jedenfalls einen so genannten DNA-Test gemacht. Dank dieses Tests konnte eindeutig bewiesen werden: Shakkur hat Salma nicht vergewaltigt. Er hat sich nur dummerweise zur selben Zeit wie sie in dem Zuckerrohrfeld aufgehalten, und das haben die Mastoi ausgenutzt.

In fast allen Zeitungsberichten steht, er sei verliebt gewesen. In unserem Land reicht allerdings ein kurzer Blick aus, um im Verdacht zu stehen, dass man verliebt ist. Hätte Salma sich korrekt verhalten und den Kopf gesenkt, wäre dennoch nichts weiter passiert. Aber die junge Frau macht, was sie will. Sie fürchtet nicht, dass man sie ansieht, meist provoziert sie es sogar.

Bis zu diesem Zeitpunkt war mein Leben als Koranlehrerin weit entfernt von solchen Unziemlichkeiten. Meine Eltern haben meine Schwestern und mich in Achtung vor der Tradition erzogen, und wie alle Mädchen wusste ich ab dem Alter von etwa zehn Jahren, dass es verboten ist, mit Jungen zu sprechen.

Dieses Verbot habe ich nie übertreten. Das Gesicht meines Verlobten habe ich am Tag unserer Hochzeit zum ersten Mal gesehen. Hätte ich die Wahl gehabt, hätte ich ihn nicht genommen, aber aus Ehrfurcht vor meiner Familie habe ich gehorcht.

Salma ist unverheiratet, und um ihre Ehre zu retten, hat ihre Familie einen Plan ausgeheckt. An der Tatsache, dass der Stamm der Mastoi meinem kleinen Bruder zuerst den Zuckerrohrdiebstahl, dann ein sexuelles Verhältnis, später sogar eine Vergewaltigung und schließlich die ungeheuerliche Geschichte mit meinem älteren Bruder und meinen Cousins andichten wollte, wird für jedermann ersichtlich, dass hier etwas nicht stimmt.

Obwohl ich tapfer bin, verlässt mich bisweilen die Kraft angesichts all dieser Lügen. Wie soll ein unabhängiger Richter zu einem gerechten Urteil kommen, wenn sich diese Leute, die nächsten Nachbarn meiner Familie, ständig eine neue Version der Geschichte ausdenken und Tag für Tag mehr hinzudichten, bis am Ende etwas ganz anderes herauskommt?

Ich weiß, was ich durchgemacht habe, und auch, was mein Bruder erleiden musste.

Ich habe dem Richter erzählt, dass drei Männer dieser Familie Shakkur überwältigt und missbraucht haben, dass er geschrien und gebrüllt hat und dass ihm die Männer daraufhin gedroht haben, ihn zu töten. Ich habe ihm auch berichtet, dass sie meinen Bruder danach zu sich nach Hause geschleppt, eingesperrt, wieder geschlagen und vergewaltigt haben. Und dass sie ihn erst nach dem Einschreiten meines Vaters der Polizei übergeben haben.

Nach unseren Gesetzen ist es so gut wie unmöglich, die

Vergewaltigung einer Frau zu beweisen. Denn es bedarf dafür vier Augenzeugen. Sowohl bei meinem Bruder als auch bei mir sind unsere Peiniger jedoch die einzigen Augenzeugen!

Noch während der Arzt meinen Bruder im Krankenhaus eingehend untersucht, bringt man mich zur Präfektur. Nur wenig später stehe ich in einem Raum neben dem Büro des Präfekten, wo mich eine Dame erwartet.

Frau Attiya ist eine Ministerin und erklärt mir, sie sei von der Regierung beauftragt, mir einen Scheck über fünfhunderttausend Rupien, in etwa siebentausend Euro, zu übergeben.

Zunächst bin ich sprachlos vor Erstaunen, und mein Rücken überzieht sich mit einer Gänsehaut. Fünfhunderttausend Rupien – eine gigantisch hohe Summe. Doch sogleich regt sich mein Misstrauen, zu dem mich die Umstände und Erlebnisse der letzten Wochen zwingen. Ich fürchte, es könne sich hierbei wieder einmal um eine Falle handeln.

Eine Weile lausche ich den tröstlichen Worten der Ministerin und betrachte schweigend ihre ausgestreckte Hand. Dann nehme ich den Scheck zögerlich entgegen.

Fünfhunderttausend Rupien! Eine solche Summe kann ich mir nicht vorstellen. Damit kann man viel kaufen … Ein Auto oder einen Traktor und was weiß ich noch alles. Wer in meiner Familie hat jemals fünfhunderttausend Rupien besessen? Oder überhaupt schon mal einen Scheck bekommen?

Ohne lange zu überlegen, zerknülle ich das Papier und lasse es auf den Boden fallen. Das ist keine Verachtung gegenüber Frau Attiya, sondern gegenüber dem Scheck.

»Ich brauche das nicht!«, sage ich mit fester Stimme und versuche meine Aufregung zu verbergen.

Man kann nie wissen. Wenn diese Frau mir so viel Geld gibt, dann hat sie vielleicht jemand geschickt, der die Sache unter den Teppich kehren will. Doch sie besteht darauf, einmal, zweimal und sogar ein drittes Mal. Die Ministerin ist gut gekleidet, sie sieht aus wie eine ehrbare Frau, und ich kann in ihren Augen keine Falschheit entdecken.

Plötzlich kommt mir eine Idee, und ich sage spontan: »Ich will den Scheck nicht, ich will eine Schule!«

Sie lächelt. »Eine Schule?«

»Ja, eine Schule für die Mädchen in meinem Dorf. Wir haben nämlich keine. Wenn Sie wirklich darauf bestehen, etwas zu tun und mir zu helfen, dann sage ich Ihnen noch einmal: Ich will den Scheck nicht, aber ich will eine Schule für die Mädchen in meinem Dorf!«

»Gut«, lenkt sie, ohne weitere Fragen zu stellen, sofort ein. »Wir werden den Bau einer Schule unterstützen, aber nehmen Sie doch bitte trotzdem zunächst einmal diesen Scheck an. Teilen Sie die Summe mit Ihrem Vater, ich verspreche Ihnen, dass Sie trotzdem eine Schule bekommen. Sie brauchen jetzt dringend einen Anwalt, und der ist teuer.«

Das weiß ich. Eine Pakistanerin, die für eine Frauenrechtsorganisation arbeitet, hat mir gesagt, ein guter Anwalt könne durchaus bis zu fünfundzwanzigtausend Rupien verlangen. Wenn es schlecht laufe und der Prozess lange dauere, könne er sogar noch mehr Geld fordern. Darum wenden sich die einfachen Leute im Dorf auch lieber an die *jirga*. Normalerweise ist die Angelegenheit dann innerhalb eines Tages geregelt. Und normalerweise kann auch niemand vor der *jirga* lügen, denn alle Leute im Dorf kennen sich und der Vorsitzende des Rates spricht das Urteil in der Regel so, dass die Menschen nicht für immer verfeindet bleiben.

Zu meinem Unglück war es in meinem Fall ausgerechnet Faiz, der an dem verhängnisvollen Tag, an dem sich mein Leben ändern sollte, den Vorsitz hatte und gegen die Meinung des Mullahs den Beschluss gefasst hat. Und er hat das Dorf entzweit, statt es zu versöhnen.

Ich lasse mich also von der Ministerin überzeugen und nehme den Scheck an, weil sie eine Frau ist und mir ihr Ge-

sicht aufrichtig und ehrlich erscheint. Als sie mir anschließend sehr freundlich einige Fragen stellt, habe ich tatsächlich
den Mut, ihr zu sagen, dass ich um mein Leben fürchte.

Niemand hat mich darüber informiert, was mit meinen
Peinigern geschehen soll, aber ich habe gehört, dass man sie
einige Tage zur Befragung auf dem Revier festgehalten und
dann wieder freigelassen hatte. Alle Männer der Familie sind
inzwischen wieder zu Hause, ganz in unserer Nähe, und sie
warten nur auf eins: uns zu zerstören.

»Es sind unsere Nachbarn«, erkläre ich Frau Attiya, die
sehr besorgt nachfragt. »Sie wohnen im gegenüberliegenden
Haus, wir sind nur durch ein Feld voneinander getrennt. Seit
dem Vorfall wage ich mich nicht mehr nach draußen. Ich
spüre, dass sie mich beobachten.«

Sie verspricht mir nichts, aber ich merke sofort, dass sie
meine Lage versteht. Wir verabschieden uns sehr herzlich
voneinander.

Dann geht alles unglaublich schnell; schneller als ich es in
diesem Moment überhaupt begreifen kann. Die Zeitungen
haben in den letzten Tagen so viel über meinen Fall berichtet, dass das ganze Land informiert ist. Bis hin zur Regierung
in Islamabad.

Frau Attiya ist zuständig für Frauenangelegenheiten. Diese
sympathische und hilfsbereite Frau, die mir einen Scheck
überreicht und mir versprochen hat, mich beim Bau einer
Schule in Meerwala zu unterstützen, hat tatsächlich der Präsident Pervez Musharraf persönlich geschickt.

Mein Foto ist überall abgebildet, und meine Geschichte ist
in unzähligen Zeitungen zu lesen, auch im Ausland. Sogar
Amnesty International hat schon von mir gehört.

Am 4. Juli 2002 fordern unzählige Menschen auf einer
Demonstration der Organisationen zur Verteidigung der
Menschenrechte Gerechtigkeit.

Die pakistanische Justiz kritisiert die örtliche Polizei in

Meerwala, weil sie die Anzeige zu spät aufgenommen und mich ein Blankoprotokoll hat unterzeichnen lassen. Ich bin am 28. Juni aufs Revier gegangen, doch sie haben meine Aussage, die sie gleich darauf haben verschwinden lassen, auf den 30. Juni datiert. Das hat auch der Richter, der mich befragt hatte, gegenüber einigen Journalisten angedeutet und erklärt, es sei unmöglich, dass die Sache der Polizei nicht zu Ohren gekommen ist, ehe ich mich entschlossen hatte, Anzeige zu erstatten, und dass das Urteil der *jirga* eine Schande sei.

Selbst der Justizminister hatte im britischen Fernsehen erklärt, der Schiedsspruch der vom Mastoi-Stamm beherrschten *jirga* müsse als terroristischer Akt gewertet werden. Es handele sich um ein illegales Stammesgericht, und die Schuldigen müssten vor ein Anti-Terror-Gericht gebracht werden. Er redete sogar von kriminellem Machtmissbrauch.

Tatsächlich macht die pakistanische Regierung dank des öffentlichen Drucks den Fall Mukhtar Bibi zu einer Staatsangelegenheit und fordert die Polizei auf, sich zu erklären. Acht Männer des Mastoi-Stammes sind seit dem 2. Juli endlich in Haft. Man sucht intensiv nach den vier Hauptschuldigen, die flüchtig sind, jedoch bald festgenommen werden können. Das Ministerium kommandiert mehrere Polizisten ab zum Schutz meiner Person und meiner Familie. Letztlich werden vierzehn Männer des Mastoi-Stammes festgenommen. Das Gericht hat zweiundsiebzig Stunden Zeit, um über das Los der mutmaßlichen Schuldigen zu befinden.

Es ist eigenartig. Inzwischen kennt die ganze Welt mein Gesicht und spricht von der Tragödie meiner Familie. Ich habe Mühe, all dies zu begreifen, denn das alles geht viel zu schnell.

Völlig überwältigt von Dankbarkeit und unbändiger Freude kehre ich mit dem Scheck nach Hause zurück. Die Ministerin hat mir erklärt, mein Vater müsse nur zur Bank in Jatoi gehen. Der Direktor sei informiert, und wir könnten ein Konto auf seinen und meinen Namen eröffnen. Ich habe noch nie ein Bankkonto besessen. Mein Vater auch nicht.

Wir begeben uns rasch dorthin, um das Geld in Sicherheit zu bringen. Sie verlangen von uns beiden eine Unterschrift und händigen dann meinem Vater ein Scheckheft aus.

Als wir am Abend wieder nach Hause kommen, stehen fünfzehn bewaffnete Polizisten auf unserem Grundstück. Sogar der Provinzgouverneur kommt mit mindestens fünfzig Begleitpersonen vorbei, um mich persönlich zu ermutigen und mir zu sagen, dass die Schuldigen unter allen Umständen bestraft würden. Er verkündet auch, er sehe mich als seine Tochter an, und sagt, dass ich durchhalten müsse und dass er mich schützen werde.

Nach einer halben Stunde zieht er mit seinem Gefolge wieder von dannen, und ich bin völlig überwältigt von den Reaktionen und dem Zuspruch, die mein Fall hervorruft.

Den armen Polizisten, die uns bewachen sollen, bleibt nichts anderes übrig, als in unserem Hof unter den Bäumen zu schlafen. Da wir ihnen auch zu essen und zu trinken geben müssen, reichen die zweihundertfünfzigtausend Rupien vom Anteil meines Vaters nicht sehr lange. Die kleine Polizeiarmee bezieht nämlich für ein ganzes Jahr vor unserem Haus Posten, und leider werden nur ihre Gehälter von der Regierung bezahlt.

Und da jedes Drama immer auch eine lustige Seite hat, taucht zu dieser Zeit ein Onkel, den ich schon lange – auf alle Fälle seit meiner sieben Jahre zurückliegenden Scheidung – nicht mehr gesehen habe, mit einem großen Teil seiner Familie im Schlepptau bei uns auf.

Er hat einen Sohn in meinem Alter, der längst verheiratet und mehrfacher Vater ist. Nie hat er um meine Hand angehalten oder war ich ihm versprochen.

Doch nachdem mein Onkel mich mit dem Provinzgouverneur und dem Scheck gesehen hat, bringt er sein Anliegen lyrisch verpackt vor.

»Ein gebrochener Zweig darf nicht weggeworfen werden, er muss in der Familie bleiben. Wenn sie einverstanden ist, nehme ich sie als zweite Frau für meinen Sohn.«

Ich danke ihm ohne weiteren Kommentar, doch meine Entscheidung lautet nein. Was will er für seinen Sohn? Den Scheck der Regierung oder mich?

Keine Ahnung. Ich weiß nur, was ich selbst will: eine Schule.

3

Das Schweigen brechen

Das pakistanische Recht ermöglicht die Inhaftierung aller Männer, die in eine Vergewaltigung verwickelt sind, egal, ob sie direkt beteiligt oder nur Zeugen waren. Sie kommen vor ein Anti-Terror-Gericht, was für diese Art von Straftat äußerst ungewöhnlich ist.

Anti-Terror-Gerichte wurden im Jahr 1997 in Pakistan eigens geschaffen, um über besonders abstoßende Verbrechen zu urteilen. Sie verhandeln hinter verschlossenen Türen und meist in sehr kurzen Verfahren. Die Regierung hat sogar ein Sondergericht für die fünf Provinzen eingerichtet.

In meinem Fall wirkt sich das günstig aus: Ich brauche nicht, zumindest gehe ich zu diesem Zeitpunkt noch davon aus, wie so viele gepeinigte Frauen vor mir, die sonst notwendigen vier Augenzeugen, um zu beweisen, dass ich vergewaltigt worden bin. Diese Tatsache hat zum einen bereits die ärztliche Untersuchung bestätigt, zum anderen hat ein Großteil der männlichen Dorfbevölkerung gesehen, wie mich die Mastoi nach dem begangenen Verbrechen halb nackt auf die Straße getrieben haben.

Meine Sicherheit ist zum Glück gewährleistet. Auf gewisse Weise bin ich eine Gefangene, weil ich unter Polizeischutz stehe, sobald ich das Haus verlasse. Doch das nehme ich gerne in Kauf.

Der Gerichtshof, der mit meinem Fall befasst ist, hat darauf bestanden, dass ihm die gesamte Akte ausgehändigt wird. Eine rasche Entscheidung ist nötig, um die Gemüter zu beruhigen, die der nationalen Medien ebenso wie die der internationale Presse.

Letztere hat unmissverständlich kritisiert, dass es in einem sogenannten demokratischen Staat wie Pakistan keine verbrieften Rechte für Frauen gibt, weil noch immer vorislamisches Stammesrecht praktiziert wird. Diverse Frauenrechtsorganisationen, die in Pakistan arbeitenden NGOs (Nichtregierungsorganisationen) und Menschenrechtsgruppen nutzen meinen exemplarischen Fall, um in der Presse Geschichten zu veröffentlichen, von denen die Bevölkerung normalerweise nichts erfährt. Mein ganzes Land steht hinter mir.

»Eine Familienmutter, die auf eigene Initiative die Scheidung durchsetzen wollte, weil sie die Brutalität ihres Mannes nicht mehr ertrug, wurde in der Kanzlei ihres Anwalts in Lahore ermordet. Der Anwalt selbst wurde bedroht, der Mörder ist noch immer auf freiem Fuß.«

»In einem Dorf in der Nähe von Sukkur haben drei Brüder ihre Schwägerin bei lebendigem Leib verbrannt, weil sie unter dem Verdacht des Ehebruchs stand. Zunächst von ihrem Vater gerettet, erlag sie später im Krankenhaus ihren schweren Verbrennungen.«

Das sind nur zwei Beispiele, doch die Liste der Fälle ist unendlich lang. Ganz gleich, ob es sich um Scheidung, mutmaßliche Untreue oder eine Abrechnung zwischen Männern handelt, den Preis zahlen immer die Frauen. Man gibt sie als »Wiedergutmachung« für eine Ehrenverletzung her, sie werden als Vergeltungsmaßnahme von einem Feind ihres Mannes vergewaltigt.

Oft reicht es aus, dass zwei Männer über irgendein Problem zu streiten beginnen, und schon rächt sich der eine an der Frau des anderen. In vielen Dörfern ist es üblich, dass die

Männer nach dem Prinzip »Auge um Auge, Zahn um Zahn« Selbstjustiz üben. Es geht immer um die Ehre, und alles ist ihnen gestattet. Einer Ehefrau die Nase abzuschneiden, eine Schwester zu verbrennen, die Frau des Nachbarn zu vergewaltigen.

Und selbst wenn die Polizei die Täter vor der Verübung eines Mordes verhaftet, lebt der Racheinstinkt fort. Denn es findet sich stets ein männliches Familienmitglied bereit, zur »Ehrenrettung« der Familie an die Stelle eines Bruders oder Cousins zu treten.

Ich weiß zum Beispiel, dass einer der Brüder von Faiz, der in jener Nacht von allen der Besessenste und Verrückteste war, allein den Gedanken, man könne mir möglicherweise vergeben, nicht ertragen hätte. Und niemand hätte ihn zügeln können. Im Gegenteil. Je extremer die Gewalttätigkeit ist, desto mehr fühlen die Männer sich berufen, daran teilzunehmen.

Ich verzeihe meinen Peinigern nicht, im Gegenteil. Doch ich versuche, den Fremden, die mich wieder und wieder mit Fragen bedrängen, zu erklären, wie die Gesellschaft des Punjab funktioniert, einer abgeschiedenen Provinz, in der das Ehrenverbrechen leider weit verbreitet ist. Ich bin in diesem Land geboren, ich unterstehe seinen Gesetzen, und ich weiß, dass ich, wie alle Frauen, den Männern meiner Familie gehöre – wie ein Objekt, mit dem sie machen dürfen, was sie wollen. Unterwerfung ist bei uns ein Muss.

Das Sondergericht wird über drei Autostunden von meinem Dorf entfernt in Dera Ghazi Khan abgehalten, dem Verwaltungszentrum westlich des Indus. Demnach steht fest, dass ein Anti-Terror-Gericht über meine Vergewaltiger und die Entscheidungsträger der *jirga* urteilen wird.

Die Polizei hat Waffen bei ihnen gefunden – sicher nicht alle, über die sie verfügen, denn bevor man ihrer habhaft werden konnte, sind sie geflüchtet und hatten alle Zeit der Welt, um zu verstecken, was sie wollten und wo sie es wollten. Ich weiß nicht, ob das Anti-Terror-Gericht allein wegen dieser Waffen eingeschaltet wurde, denn bei uns sind in den ländlichen Gegenden die meisten Männer bewaffnet. Der einzige Vorteil für mich ist die Tatsache, dass das Urteil besonders schnell gesprochen werden wird. Bei einem traditionellen Gericht dagegen kann sich das Verfahren Monate oder gar Jahre hinziehen.

Da ich jeden Tag vor Gericht erscheinen muss, aber nicht ständig zwischen Dera Ghazi Khan und Meerwala hin- und herpendeln kann, habe ich darum gebeten, dass man mir eine Unterkunft in der näheren Umgebung besorgt.

Meinem Aufenthalt in der großen Stadt sehe ich ein wenig skeptisch entgegen. Ich bin nicht ans Stadtleben gewöhnt, an all den Staub, den Straßenlärm, die Karren, die Rikschas, die Lastwagen, die ohrenbetäubend lauten Motorräder. Drei Wochen werde ich hier leben, und ich bin gespannt, wie es mir ergehen wird.

Der erste Verhandlungstag ist ein Freitag im Juli, ziemlich genau einen Monat nach dem Drama. Es ist erstaunlich, wie schnell alles geht. Die Angeklagten werden in Handschellen in den Gerichtssaal geführt, es sind vierzehn Männer, darunter auch Ramzan Pazar. Neun von ihnen sind hier, weil sie meinen Vater mit der Waffe bedroht haben, sodass er nicht eingreifen konnte, Faiz und die anderen vier stehen wegen Vergewaltigung vor Gericht.

Bisher hat in Pakistan noch kein Gericht einen Mann, auch keinen Kriminellen, wegen eines Rache- oder Ehrendeliktes verurteilt.

Dementsprechend geben sich die Angeklagten selbstbewusst und sind überzeugt, diesen Gerichtssaal als freie Männer zu verlassen. Faiz und die anderen sagen keinen Ton, stattdessen spricht ihr Anwalt an ihrer Stelle. Ich finde sie weniger hochmütig als sonst, und ich habe keine Angst, ihnen entgegenzutreten. Die Wölfe von gestern sind Schafe geworden, aber nur dem Anschein nach. Ich weiß, was ich erlebt habe. Allerdings brüsten sie sich nun nicht mehr wie unmittelbar nach ihrer Tat und bestehen auch nicht mehr darauf, diese für die »Familienehre« begangen zu haben.

Wie immer habe ich vor Sonnenaufgang gebetet, bevor ich hierher kam. Ich glaube an die Gerechtigkeit Gottes, mehr als an die der Menschen. Ich bin schicksalsergeben.

Vierzehn Männer, fast alle Angehörige des Mastoi-Stammes, gegen eine Frau eines niederen Klans … das hat man noch nie gesehen. Meine Gegner haben eine ganze Schar von Anwälten engagiert, neun im Ganzen. Ich habe drei, darunter einen sehr jungen und eine Frau. Der Hauptgegner, ein Anwalt der Verteidigung, ist ein Schönredner. Er wird nicht müde, mich als Lügnerin zu bezeichnen, die alles nur erfunden habe.

Schließlich bin ich geschieden, was mich in seinen Augen auf den niedrigsten Rang der achtbaren Frauen stellt.

Als ich ihn so reden höre, frage ich mich sogar, ob das nicht der Grund ist, weshalb sie gerade mich für diese vermeintliche »Bitte um Vergebung« ausgewählt haben.

Ich weiß es nicht.

Sie behaupten, sie hätten uns einen Austausch der Frauen, Salma für Shakkur und Mukhtar für einen Mann ihres Klans, angeboten. Nach ihren Worten haben mein Vater, mein Onkel und der Vermittler Ramzan abgelehnt! Mehr noch, besagter Ramzan habe vorgeschlagen, mich an sie auszuliefern, damit sie mich vergewaltigen, wodurch die Tat meines Bruders geahndet sein solle. Das habe mein Vater jedoch zurückgewiesen.

Dieser Ramzan wird mir immer suspekter. Die Rolle, die er in der Geschichte gespielt hat, ist äußerst undurchsichtig, und ich will kaum glauben, was ich da höre. Ich dachte immer, er habe uns helfen wollen. Und mein Vater hat mir nie etwas anderes erzählt.

Auf alle Fälle behauptet der Anwalt der Gegenseite, ich

hätte von Anfang bis Ende gelogen. In besagter Nacht sei gar nichts geschehen, niemand habe die *ziná-bil-jabar*, also Geschlechtsverkehr ohne Zustimmung, mit der ältesten Tochter von Ghulam Farid Jat, meinem Vater, praktiziert.

Die Verteidigung drängt mich, die Schuld der Angeklagten eindeutig zu beweisen, was nach islamischem Recht meine Pflicht ist. Es gibt zwei Arten, diesen Beweis zu erbringen: entweder ein umfassendes Geständnis des Täters vor einem zuständigen Gericht – was im Grunde nie vorkommt – oder die bereits erwähnte Vorführung von vier volljährigen, muslimischen, gottesfürchtigen Zeugen, die das Gericht für ehrbar erachtet.

Doch ich stehe hier vor einem Sondergericht – und das sicherlich, weil das Schicksal beschlossen hat, mir den Weg zur Gerechtigkeit zu weisen. Wenn das Urteil angemessen sein sollte, so wird dies mir Rache genug sein. Ich fühle mich stark und habe angesichts dieser in Handschellen gelegten Männer mit den fliehenden Blicken keine Angst mehr, kühl und sachlich auszusagen – das Vernehmungsprotokoll des Untersuchungsrichters befindet sich ohnehin bereits in den Akten.

Ich erspare mir nichts und erlebe die schlimmen Ereignisse noch einmal, während ich vor Gericht den Ablauf jener Nacht schildere. Meine Stimme ist fest, doch die Schmach schnürt mir nach wie vor Herz und Magen zusammen.

Zum Glück findet die Verhandlung unter Ausschluss der Öffentlichkeit statt. Die zahlreichen Journalisten, die sich für das Verfahren interessieren, warten im Hof. Zugegen sind nur die Angeklagten, die Zeugen und die Anwälte.

Hin und wieder, wenn das Wortgefecht der Anwälte zu hitzig wird, greift der Richter ein, ansonsten verläuft alles ohne besondere Vorkommnisse.

Als der Präfekt, der Unterpräfekt – derjenige, der mich meine Aussage auf einem leeren Blatt Papier hat unterzeichnen lassen – und seine Männer verhört werden, bin ich nicht zugegen. Nach ihren Worten war meine damalige Aussage allerdings anders als die heutige.

»Ich habe Sie vorgeladen, weil Sie alle zugegen waren, als Mukhtar ausgesagt hat«, beginnt der Vorsitzende Richter. »Außerdem weil Sie alle verantwortlich sind für das, was in diesen Unterlagen steht.«

Der Präfekt erwidert darauf: »Herr Vorsitzender, gestatten Sie mir doch bitte die Bemerkung, dass die Ankläger die hier dargelegte Version der Ereignisse frei erfunden haben. Mukhtar hat mir, als sie in meinem Büro war, ihre Erlebnisse en détail erzählt, und der Polizist, den ich vorgeladen habe, hat mir gesagt: ›Keine Sorge, das muss in der Akte stehen, ich sehe mal nach‹, doch er hat mir diese Akte nie gebracht.«

Der Richter ist empört. »Am liebsten würde ich Sie dafür ins Gefängnis stecken!«

Trotzdem lässt er den Präfekten gehen und kündigt an, die Beratungen des Gerichts auf den nächsten Tag zu verschieben.

Am 31. August 2002 verkündet der Richter schließlich das Urteil in einer nächtlichen Sondersitzung. Sechs Männer werden zum Tode und zur Zahlung von fünfzigtausend Rupien verurteilt. Vier von ihnen wegen Vergewaltigung, die beiden anderen, weil sie während der Versammlung der *jirga* zur Vergewaltigung aufgerufen haben – nämlich Faiz, der Klanchef, und besagter Ramzan, beide in ihrer Funktion als Richter des Stammesgerichts.

Letzterer hat die ganze Zeit über vorgegeben, zugunsten meiner Familie vermittelt zu haben; in Wirklichkeit ist er ein Heuchler und Verräter. Er hat alles getan, um dafür zu sorgen, dass die Mastoi bekamen, was sie wollten, während mein Vater ihm vertraut hat.

Die acht anderen Angeklagten werden freigelassen.

Als ich aus dem Gerichtsgebäude trete, bestürmen mich

die wartenden Journalisten mit Fragen, und ich bekunde meine Zufriedenheit mit dem Urteil.

Dennoch legen meine Anwälte und der Oberstaatsanwalt Berufung gegen den Freispruch der acht Mastoi ein. Die sechs Verurteilten wiederum legen Berufung gegen das Todesurteil ein. Die Angelegenheit ist also noch nicht beendet, auch wenn ich (vorerst) gesiegt habe. Die Frauenrechtler aber freuen sich. Ich, Mukhtar Bibi, Symbol dieses Kampfes, bin ein Vorbild für sie.

Nun kann ich erhobenen Hauptes – natürlich unter dem obligatorischen verhüllenden Tuch – in mein Dorf zurückkehren.

Endlich kann ich mich meinen Plänen widmen: dem Bau der Schule. Und das ist alles andere als leicht. Obwohl ich mit großem Elan und voller guter Dinge an die Sache herangehe, verlassen mich bisweilen meine Kräfte. Ich magere ab, mein Gesicht ist eingefallen vor lauter Erschöpfung.

Das Drama, das über mein friedliches Leben hereingebrochen ist, und dieser Sieg, der von der Presse lautstark gefeiert wird, deprimieren mich. Ich bin es leid, zu sprechen, mit all den Menschen und Gesetzen konfrontiert zu werden. Überall feiert man mich als Heldin, dabei bin ich furchtbar müde und würde mich am liebsten in mein Schneckenhaus zurückziehen. Ich war einmal ein heiterer, fröhlicher Mensch, doch das bin ich nicht mehr.

Ich liebte es, mit meinen Schwestern zu scherzen, ich mochte meine Arbeit, die Stickerei, den Unterricht, heute bin ich all jener Dinge, bin ich meines Lebens überdrüssig. Mit dieser Barriere von Polizisten vor meiner Tür bin ich gewissermaßen Gefangene meiner eigenen Geschichte geworden, auch wenn ich über meine Henker triumphiert habe.

Die Anwälte, die Frauenrechtler beruhigen mich und zerstreuen meine Sorgen, nehmen mir meine Angst: Die Berufung wird viel Zeit in Anspruch nehmen – ein Jahr, vielleicht sogar zwei –, und so lange bin ich in Sicherheit. Selbst diejenigen, die das Gericht hat laufen lassen, werden sich nicht in meine Nähe wagen.

Das ist wahr. Dank meines Mutes, so heißt es, hätte ich die Lebensbedingungen der Frauen in meinem Land aufgedeckt, und andere Frauen würden meinem Beispiel folgen. Wie viele?

Wie viele werden von ihren Familien unterstützt, so wie ich? Wie viele werden das Glück haben, dass ein Journalist ihre Geschichte an die Öffentlichkeit trägt, dass die Menschenrechtsorganisationen aktiv werden und so großen Druck ausüben, dass die Regierung gezwungen ist, einzugreifen?

In den Dörfern des Industals gibt es so viele Frauen, die weder lesen noch schreiben können. So viele Frauen, die von ihren Männern und ihren Familien verstoßen, ihrer Ehre und ihres Unterhalts beraubt werden. So viele Frauen, denen nur der Weg in den Selbstmord bleibt. Das geschieht so leicht.

Diese Mädchenschule zu gründen ist mir ein dringendes Anliegen. Die Idee kam mir fast wie eine göttliche Eingebung. Ich suchte verzweifelt nach einem Weg, die Mädchen in Meerwala auszubilden, sie zum Lernen zu ermutigen. Die Mütter im Dorf unternehmen nichts, um ihre Töchter zu unterstützen, weil sie es gar nicht können. Ein Mädchen muss im Haus arbeiten, und der Vater sieht gar nicht ein, ihm eine Schulbildung zukommen zu lassen. Aus Prinzip.

Und was lernen die Mädchen schon von ihren Müttern in einem abgelegenen Dorf wie dem meinen? *Chapatis* bereiten, Reis oder *dal* kochen, Wäsche waschen, sie zum Trocknen an die Palmwedel hängen, Gras schneiden, Weizen und Zuckerrohr ernten, Tee kochen, die Kleinsten in den Schlaf wiegen, Wasser an der Pumpe holen. Unsere Mutter hat all das vor uns getan und ihre Mutter vor ihr. Irgendwann wird es dann Zeit, verheiratet zu werden, Kinder zu bekommen, und so geht es weiter von Generation zu Generation.

In den großen Städten und einigen anderen Provinzen studieren Frauen. Sie werden Anwältinnen, Lehrerinnen, Ärztinnen, Journalistinnen – ich bin einigen von ihnen begegnet. Sie kamen mir ganz gewiss nicht unwürdig vor. Sie achten ihre Eltern und selbstverständlich auch ihren Mann, doch sie dürfen ihre Stimme erheben, weil sie gebildet sind. Für mich gibt es nur eine Lösung: Man muss den Mädchen Wissen vermitteln – und zwar so früh wie möglich, im Grunde noch bevor die Mütter sie so erziehen können, wie sie selbst erzogen wurden.

Nie werde ich die Bemerkung dieses Polizisten vergessen, der sich bei dem Präfekten eingeschaltet hat, während ich meine Aussage machte.

»Lassen Sie mich das erklären«, sagte er. »Sie weiß sich nicht richtig auszudrücken.«

Ich aber habe das nicht zugelassen. Weil ich Willensstärke besitze? Weil ich gedemütigt wurde? Weil ich plötzlich frei reden kann?

Wohl aus allen diesen Gründen zugleich.

Aber ich werde den Mädchen das Lesen beibringen und es auch selbst lernen. Nie wieder werde ich per Daumenabdruck meine Unterschrift auf ein unbeschriebenes Blatt setzen.

Irgendwann hatte ich die Idee, ein kleines Krankenhaus in unserem Dorf errichten zu lassen. Ich dachte dabei an das Leid meiner Schwester, die, nachdem sie nicht behandelt worden war, elend an Krebs sterben musste. Doch ein solches Unternehmen ist sehr viel teurer und aufwendiger als eine Schule. Man muss einen Arzt einstellen und Unmengen an Medikamenten sammeln, die kostenlos verteilt werden können – kein Kinderspiel.

Als ich der Ministerin Attiya gegenüberstand, sagte ich instinktiv: »Ich will eine Schule«, obwohl ich vor diesem Ereignis nie an dergleichen gedacht habe. Weil ich mir während dieses Dramas wie gefesselt vorkam, außerstande, in irgendeiner Form zu reagieren. Hätte ich lesen können, was der Polizist geschrieben hat, wären die Dinge anders verlaufen. Er hätte sicher versucht, mich auf andere Weise zu manipulieren, aber bestimmt nicht so extrem.

In manchen Regionen sind Polizei und hohe Beamte Gefangene des Stammessystems und stehen unter dem Einfluss der Großgrundbesitzer. Letztendlich haben sie das Sagen. Ich kann mich als eine Überlebende dieses Systems betrachten – dank meiner Familie, der Medien, eines scharfsinnigen Richters und der Intervention der Regierung. Mein Mut bestand ausschließlich darin, gesprochen und nicht länger geschwiegen zu haben. Obwohl man mich das Schweigen gelehrt hatte.

Eine Frau hat hier keinen Boden unter den Füßen. Wenn sie bei ihren Eltern lebt, verhält sie sich so, wie ihre Eltern es befehlen. Sobald sie bei ihrem Ehemann ist, tut sie das, was ihr Mann ihr gebietet. Wenn die Kinder groß sind, übernehmen die Söhne das Regiment, und sie gehört ihnen auf die gleiche Weise. Mein Verdienst ist es, mich von dieser Unterwerfung befreit zu haben. Ich habe mich von einem Ehemann befreit, und da ich keine eigenen Kinder habe, bleibt mir die Ehre, mich um die der anderen zu kümmern.

Meine erste Schule, die mit der versprochenen Hilfe der Regierung von Pakistan gebaut werden kann, wird Ende des Jahres 2002 eröffnet. Der Staat leistet einen erheblichen Beitrag, verbreitert die Straße, legt Stromleitungen, baut Abwasserkanäle, und ich bekomme sogar einen Telefonanschluss. Mit dem, was mir von meinem Teil der fünfhunderttausend Rupien geblieben ist, erwerbe ich zwei Grundstücke von jeweils eineinhalb Hektar Größe ganz in der Nähe unseres Hauses. Ich verkaufe sogar meinen Schmuck, um mein Lebensprojekt zu realisieren. Anfangs sitzen die Mädchen während des Unterrichts noch unter freiem Himmel auf dem Boden.

Es ist meine »Schule unter den Bäumen«, bis das Gebäude, ein schlichter, aber zweckmäßiger Backsteinbau, fertig errichtet ist. In dieser Zeit geben meine kleinen Schülerinnen mir den Namen Mukhtar Mai, »große geachtete Schwester«.

Jeden Morgen sehe ich die vielen Mädchen mit ihren Heften und ihren Stiften in die Schule gehen. Vor Unterrichtsbeginn ruft die Lehrerin die Namen jeder einzelnen Schülerin auf, und dieser Erfolg, auch wenn er noch unvollkommen ist, erfüllt mich mit großer Freude.

Wer hätte gedacht, dass Mukhtaran Bibi, die Tochter eines Bauern und Analphabetin, eines Tages Schuldirektorin sein würde?

Die Regierung bezahlt außerdem einen Lehrer für die Abteilung der Jungen, zu der ich mich nachträglich entschlossen habe. Später folgen weitere Zuschüsse, zum Beispiel aus Finnland: fünfzehntausend Rupien, etwa zweitausend Euro, um für drei Jahre das Gehalt einer Lehrkraft zu sichern.

Mitte des Jahres 2002 wurde meine Ehre durch den Schmutz gezogen, am Jahresende aber erhalte ich eine Auszeichnung, die ich eingerahmt auf meinen Tisch gestellt habe:

Welttag der Menschenrechte
Erste nationale Zeremonie der Frauenrechte
Der Preis
des Internationalen Komitees für Menschenrechte
geht am 10. Dezember 2002
an Frau Mukhtaran Bibi

Ich existiere tatsächlich in der Welt, stellvertretend für alle pakistanischen Frauen.

Im Jahr 2005, knapp vierundzwanzig Monate später, wird

die Schule schon hervorragend laufen. Die Gehälter der Lehrer können pünktlich bezahlt werden, und ich habe vor, einen Stall zu bauen, Kühe und Ziegen zu kaufen und somit die Schule finanziell abzusichern.

Doch davon weiß ich vorerst noch nichts, und obwohl ich von zahlreichen Stellen wertvolle moralische Unterstützung erhalte, erscheint mir meine Aufgabe an manchen Tagen recht schwer.

Eine Frauenrechtsorganisation, der Women's Club 25, lädt mich nach Spanien ein, um an der Internationalen Frauenkonferenz unter dem Vorsitz von Königin Rania von Jordanien teilzunehmen. Dies erfüllt mich mit großem Stolz, und ein kleines bisschen macht es das Leid vergessen, das mir widerfahren ist.

Zum ersten Mal besteige ich, begleitet von meinem ältesten Bruder, ein Flugzeug. Wir sind beide unglaublich aufgeregt und unsicher, als der Jet sich in die Lüfte hebt, vor allem wegen der vielen Menschen und der unbekannten Sprache. Zum Glück werden wir bei unserem Zwischenstopp in Dubai herzlich empfangen und während der restlichen Reise begleitet.

Zahlreiche Referenten aus aller Welt nehmen an dieser Konferenz mit dem Thema »Gewalt gegen Frauen« teil. Den einzelnen Beiträgen entnehme ich, dass die Aufgabe jener Menschen äußerst schwer ist, und ich bewundere sie sehr für ihr Engagement.

Während ich den Vorträgen lausche, gehen meine Gedanken immer wieder auf Abwege. Wie viele der Frauen, die sich gegen die Gewalt auflehnen, müssen wohl sterben? Wie viele werden im Sand verscharrt, ohne Grab, ohne Würde?

Meine Schule kommt mir plötzlich sehr klein vor im Meer dieses Unglücks. Ein winziger Stein, irgendwo in der Welt, gewidmet dem Versuch, die Einstellung der Männer zu verändern.

Was tue ich da schon? Was ist mein Beitrag? Einer Hand

voll kleiner Mädchen das Alphabet beibringen, das von Generation zu Generation langsam seine Wirkung tut. Ein paar Jungen Respekt vor ihrer Gefährtin, ihrer Schwester, ihrer Nachbarin lehren. Das ist noch so wenig.

Aber jetzt bin ich in Europa, in jenem Teil der Erde, so viele tausend Kilometer westlich von meiner Heimat, von dem mein Onkel mir erzählt hat, als ich noch klein war. Und dort, fast am anderen Ende der Welt, stelle ich fest, dass diese Fremden meine Geschichte kennen!

Ich bin überwältigt, komme gar nicht mehr aus dem Staunen heraus, und plötzlich bin ich furchtbar schüchtern und wage nicht so recht, den Stolz darüber zu zeigen, einfach da zu sein, eine Frau unter anderen Frauen dieser großen Welt.

Wieder zurück in meinem Heimatdorf, gehe ich meinen Plan, die Schule zu vergrößern, noch mutiger und engagierter an. Mein Leben hat einen Sinn, seit ich höre, wie die jungen Mädchen unter den Bäumen von Meerwala die Koranverse aufsagen, dazu das Einmaleins und das englische Alphabet. Bald wird es auch Geschichts- und Geografieunterricht geben. Meine Mädchen, meine kleinen Schwestern, werden dasselbe lernen wie die Jungen.

Dennoch findet dieses Leben irgendwie außerhalb von mir selbst statt, und ich habe in Wirklichkeit niemanden, dem ich mich anvertrauen kann. Ich bin argwöhnisch geworden, außerstande, mein Leben von früher wiederzufinden – die Gelassenheit und die Ruhe, das Lachen, den ruhigen Fluss der Tage und der Nächte.

Gewiss, elektrisches Licht erleuchtet jetzt die Schwelle meines Hauses, und das Telefon klingelt. Es hört übrigens gar nicht mehr auf zu klingeln, denn ich werde ständig von den NGOs oder den Medien kontaktiert. Und ich bin es mir schuldig zu antworten und den Anfragen nachzukommen, denn ich brauche fremde Hilfe, um mein Schulprojekt voranzutreiben und ihm ein solides Dach zu geben. 2003, ein

Jahr nach dem schmachvollen Drama, verfüge ich noch nicht über ausreichende Mittel.

Eines Tages meldet sich eine Frau per Telefon, die in meinem weiteren Leben eine entscheidende Rolle spielen soll.

»Hallo? Guten Tag, ich grüße dich, Mukhtar. Ich bin Naseem aus Peerwala. Mein Vater ist Polizist, und er steht Wache vor deinem Haus. Ich wüsste gern, wie es ihm geht.«

Peerwala liegt etwa zwanzig Kilometer von Meerwala entfernt. Naseems Vater wurde zu meinem Schutz beordert, und sein Onkel arbeitet am Kanal, fünf Kilometer weiter.

Sie erklärt mir, dass wir in gewisser Weise verwandt sind, weil ihre Tante und meine derselben Familie angehören und beide in Peerwala leben. Naseem ist gerade aus Alipur zurückgekommen, wo sie ihr Studium begonnen hat – das ist die Stadt, wo ich zum ersten Mal auf einen verständnisvollen Richter gestoßen bin. Jetzt will sie in Multan Journalistik studieren.

Ich bin Naseem noch nie begegnet, und sie kennt mich nur aus den Artikeln, die sie über mich in der Presse gelesen hat.

Eilig lasse ich ihren Vater ans Telefon holen, damit sie mit ihm sprechen kann, vorher unterhalten wir uns ein wenig, mehr aber nicht.

Sie ruft mich ein zweites Mal an, als ich gerade unterwegs nach Mekka bin – ich habe das große Glück, eine Pilgerreise dorthin zu unternehmen –, dann ein drittes Mal, wobei sie mich einlädt, sie zu besuchen. Ich empfange zu diesem Zeitpunkt so viele Leute, dass ich sie bitte, besser zu mir zu kommen. Ich ahne noch nicht, dass Naseem nicht nur eine Freundin, sondern auch eine wertvolle Hilfe werden soll. Sie hat viel in den Zeitungen gelesen, und meine Geschichte interessiert sie besonderes vom juristischen Standpunkt aus. Damals, im Mai 2003, wurde mein Fall noch immer vom Obersten Gerichtshof geprüft.

Wäre ihr Vater als Polizist nicht zu meinem Schutz abgestellt worden, so wären wir uns sicher niemals begegnet. Naseem gehört nicht zu der Sorte Menschen, die sich aufdrängen, wie so viele, die sich von meiner »Berühmtheit« angezogen fühlen.

Dennoch verabreden wir uns irgendwann, weil wir das Gefühl haben, wir müssten uns endlich mal persönlich kennenlernen.

Gleich bei unserem ersten Treffen spüre ich, was für eine außergewöhnliche Frau sie ist. Genau das Gegenteil von mir – aktiv, lebhaft, klarsichtig, redegewandt, ohne Scheu vor Worten oder Menschen.

Bereits eine ihrer ersten Bemerkungen verblüfft mich ungemein: »Du hast Angst vor allem und jedem … Wenn du so weitermachst, schaffst du es nicht«, spornt sie mich an. »Du musst endlich reagieren.«

Sie begreift sofort, dass ich die ganze Zeit nur durch eine Art Wunder durchgehalten habe. In Wirklichkeit bin ich völlig erschöpft. Ich brauche viel Zeit, um gewisse Dinge zu verstehen – was über mich gesagt wird, was passieren wird, wenn das Gericht den Berufungsantrag der Mastoi geprüft hat. Ich habe noch immer große Angst vor der Macht dieses Stammes, vor den Beziehungen seiner Mitglieder.

Die Polizei beschützt mich, die Regierung auch, doch Islamabad ist weit von Meerwala entfernt.

Noch ist nichts sicher. Acht Männer des Mastoi-Klans sind noch immer auf freiem Fuß, können mir noch immer schaden. Manchmal suche ich nachts die Dunkelheit ab, zucke beim Bellen eines Hundes zusammen oder wenn ich eine männliche Gestalt auftauchen sehe. Immerhin ein möglicher Feind, zum Beispiel jemand, der die Stelle eines Polizisten eingenommen hat.

Jedes Mal, wenn ich das Haus verlasse, bin ich von bewaffneten Männern umgeben. Ich steige hastig in ein Taxi, das ich erst weit von Meerwala entfernt wieder verlasse. Zum Glück muss ich das Dorf nicht durchqueren, der Hof meiner Familie liegt gleich am Ortseingang, das erste Haus vor dem Weg, der zur Moschee führt.

Aber in meinem Dorf sind die Mastoi nach wie vor in der Mehrheit. Und regelmäßig erscheinen in der lokalen Presse böswillige Unterstellungen. Es heißt, ich sei »vom Geld angezogen«. Ich habe ein Bankkonto! Eine Geschiedene tue besser daran, zu ihrem Mann zurückzukehren. Mein Exmann wiederum verbreitet Lügen über mich und behauptet, ich sei eine »Haschischraucherin«!

Derart in der Öffentlichkeit zu stehen belastet mich sehr, und irgendwann habe ich nicht mehr die Kraft, dem ständigen Druck standzuhalten. Ich fühle mich ausgelaugt, leer, überfordert, nehme sehr viel ab und bin plötzlich wieder furchtbar ängstlich und zögerlich.

Als Naseem merkt, was mit mir los ist, liest sie mir die Leviten. Ich sei im Begriff, paranoid zu werden, meint sie, und müsse endlich mal mit jemandem sprechen, zu dem ich Vertrauen habe.

Und diese Person ist Naseem. Endlich kann ich ehrlich über die Vergewaltigung sprechen, mir alles von der Seele reden, über die Brutalität, über diese barbarische Rache, die den Körper einer jeden Frau zerstört.

Sie weiß zuzuhören, wenn und so lange es nötig ist. In den modernen westlichen Ländern gibt es Ärzte, die darauf spezialisiert sind, einer Frau mit meinem Schicksal dabei zu helfen, wieder auf die Beine zu kommen, wenn sie tiefer als die Erde gefallen sind.

Naseem sagt: »Du bist wie ein kleines Baby, das laufen lernt. Es ist ein neues Leben, du musst bei null wieder anfangen. Ich bin kein Psychiater, aber erzähl mir, wie dein Leben früher war, deine Kindheit, deine Ehe, ja sogar, was du Schreckliches hast erdulden müssen. Du musst reden, Mukhtar, nur wenn man redet, kann man das Gute und das Schlechte herauslassen. Man befreit sich. Es ist so, als würde man ein schmutziges Kleidungsstück waschen: Wenn es sauber ist, kann man es ohne Bedenken wieder überstreifen.«

Ihre Worte tun so unendlich gut.

Naseem ist die Älteste der Familie und hat beschlossen, ihr Jurastudium aufzugeben und stattdessen im Fernstudium Journalistik zu studieren. Ihre vier Brüder und Schwestern besuchen ebenfalls die Universität. Ich selbst habe auch vier Brüder und vier Schwestern. Doch obwohl unsere Dörfer gerade mal zwanzig Kilometer trennen, ist unser alltäglich Leben grundverschieden. Naseem hat selbst über ihre Zukunft entscheiden können. Sie ist politisch aktiv, sie weiß ihr Wort zu führen, und wenn sie etwas mitzuteilen hat, fürchtet sie nichts und niemanden. Selbst die Polizisten vor unserem Haus sehen sie mit großen Augen an.

»Sagst du eigentlich immer, was du denkst?«, frage ich sie einmal bewundernd.

»Ja, immer!«

Ich muss jedes Mal lachen, wenn ich sie so reden höre. Aber ich denke auch viel darüber nach, dass ich nach innen gekehrt lebe, ohne jemals aus mir herauszugehen. Meine Erziehung hindert mich daran, meine lange Unterwerfung blockiert mich. Naseem dagegen ist nie um ein Argument verlegen.

»Männer und Frauen sind gleichwertig«, sagt sie immer. »Wir haben dieselben Pflichten. Ich bin mir bewusst, dass der Islam den Mann über die Frau gestellt hat, aber das nutzen die Männer bei uns aus, um uns zu unterdrücken. Du musst deinem Vater gehorchen, deinem Bruder, deinem Onkel, deinem Ehemann und schließlich allen Männern deines Dorfes, der Provinz und des ganzen Landes!«

Ich nicke zustimmend.

»Unglaublich viele Menschen sprechen von dir«, fährt sie fort. »Aber was ist mir dir? Sprichst du auch von dir? Du redest mit Würde von deinem Unglück, und du verschließt dich wie eine Auster. Dein tragisches Schicksal teilt die

Hälfte aller Frauen in unserem Land. Sie leben in Unglück und Unterwerfung und wagen es niemals, ihre Gefühle zum Ausdruck zu bringen oder die Stimme zu erheben. Wenn eine von ihnen ›nein‹ sagt, riskiert sie ihr Leben oder im besten Fall eine Tracht Prügel.«

»Ich weiß, du hast ja recht«, erwidere ich niedergeschlagen.

»Ich werde dir jetzt mal ein Beispiel geben. Eine Frau will einen Film sehen, ihr Mann hindert sie daran. Warum? Weil er will, dass sie unwissend bleibt. Dann nämlich ist es für ihn sehr viel leichter, ihr etwas vorzumachen, ihr etwas zu verbieten. Ein Mann sagt zu seiner Frau: ›Du musst mir gehorchen und fertig!‹ Und sie erwidert nichts, aber ich antworte an ihrer Stelle.«

»Das ist gut so«, sage ich. »Denn die meisten Frauen sind nicht so mutig wie du.«

»Wo steht das geschrieben? Was, wenn der Mann ein Dummkopf ist? Wenn der Mann sie schlägt? Sie wird ihr ganzes Leben lang mit einem Dummkopf leben, der sie verprügelt. Und er wird weiter an seine Intelligenz glauben.«

»Ich weiß«, erwidere ich. »Es ist noch ein langer Weg für uns.«

»Die Frau kann nicht lesen«, fährt sie fort. »Die Welt existiert nur über ihren Mann. Wie soll sie sich da zur Wehr setzen? Ich behaupte nicht, alle Männer in Pakistan seien gleich, doch man kann ihnen einfach nicht vertrauen. Zu viele ungebildete Frauen kennen ihre Rechte gar nicht. Du hast die deinen kennengelernt, weil du allein vor der Situation standest, für die vermeintliche Schuld deines Bruders zu zahlen – für etwas, das nicht einmal du selbst begangen hast! Und weil du den Mut hattest, dich zu widersetzen. Jetzt musst du dich weiter widersetzen. Aber dieses Mal musst du gegen dich selbst ankämpfen. Du bist zu still, zu verschlossen, zu argwöhnisch, du leidest! Du musst dich aus diesem Gefängnis befreien, in dem du eingeschlossen bist. Mir kannst du alles sagen.«

Es ist mir tatsächlich gelungen, vor Naseem zu reden, ihr alles zu erzählen. Natürlich kennt sie meine Geschichte bereits, aber nur so wie die Journalisten, die Polizei und der Richter sie wiedergegeben haben.

Eine Lokalnachricht, etwas wichtiger als die anderen, in den Zeitungen meines Landes.

All das, was ich bisher für mich behalten habe, hat sie mit Geduld und Mitgefühl angehört.

Das seelische und körperliche Leid, die Scham, der Wunsch zu sterben, dieses Chaos in meinem Kopf, als ich allein den Weg zu unserem Haus zurückgelegt habe, um mich wie ein sterbendes Tier auf die Pritsche zu werfen. Ihr konnte ich all das sagen, was ich meiner Mutter oder meinen Schwestern nicht anvertrauen konnte, weil ich von frühester Kindheit an nur zu schweigen gelernt hatte.

Wenn ich das Album mit den Fotos aus dieser schweren Zeit durchblättere, erkenne ich mich manchmal selbst nicht wieder. Ich bestand nur noch aus Haut und Knochen, das Gesicht abgezehrt, der Blick ängstlich, so sehe ich bei meiner ersten Begegnung mit dem Hauptverantwortlichen der SPO, der Strengthening Participatory Organization, mit Stammsitz in Islamabad aus. Er ist extra hierher nach Meerwala gekommen, um mich zu sprechen, und ihm ist es zu verdanken, dass sich Kanada für mein Schulprojekt interessiert. Auf dem Foto bin ich verschlossen, in mich gekehrt, ich wage kaum, in die Kamera zu blicken.

Seitdem Naseem meine Mitstreiterin geworden ist, habe ich mein Selbstvertrauen zurückgewonnen, haben sich meine Wangen gerundet, weil ich wieder esse, ist mein Blick ruhig geworden, weil ich wieder regelmäßig schlafe.

Seinen Schmerz – ein Geheimnis, das man für eine Schande hält – in Worte zu fassen befreit den Geist und den Körper. Das wusste ich nicht.

Und ich bin unendlich dankbar, dass ich diese Erfahrung machen durfte.

4

Schicksal

Ich bin aufgewachsen, ohne zu wissen, wer ich war. Mit derselben seelischen Einstellung wie alle Frauen im Haus. Unsichtbar. Was ich erfuhr, entnahm ich den zufällig aufgeschnappten Worten der anderen.

Zum Beispiel sagte einmal eine Frau zu meiner Mutter: »Hast du gesehen, was dieses Mädchen getan hat? Sie hat die Familie entehrt. Sie hat mit einem Jungen gesprochen! Sie hat keine Ehre mehr.«

Daraufhin wandte sich meine Mutter an mich: »Siehst du, meine Tochter, was mit solchen Familien geschieht? Das kann auch uns passieren. Sei auf der Hut!«

Schon kleinen Mädchen ist es verboten, mit einem Jungen zu spielen. Und wird ein Knabe dabei ertappt, dass er mit seinen Cousinen Murmeln schießt, bekommt er Schläge von seiner Mutter.

Später geben die Mütter laut vernehmlich Kommentare von sich, die vor allem für die eigenen Töchter bestimmt sind. Oft wird die Schwiegertochter kritisiert: »Du hörst nicht auf deinen Mann! Du bedienst ihn nicht schnell genug!«

So lernen die Jüngsten, die noch nicht verheiratet sind, was sie später tun oder unterlassen müssen. Außer dem Beten und Aufsagen von Koranversen ist das die einzige Erziehung, die wir bekommen. Und man lehrt uns Misstrauen, Gehorsam, Unterwerfung und bedingungslose Ehrfurcht vor dem Mann.

Und damit das Vergessen der eigenen Person.

Als Kind war ich nicht argwöhnisch. Auch nicht verschlossen oder schweigsam. Ich lachte viel. Meine einzige Vertraute war meine Großmutter väterlicherseits, sie hat mich erzogen und lebt noch immer mit uns unter einem Dach, wenn auch in ihrem Bereich. Bei uns ist es üblich, dass sich auch andere Frauen als die eigene Mutter um die Kinder kümmern.

Meine Großmutter ist inzwischen sehr betagt und sieht schlecht. Ihr genaues Alter kennt sie ebenso wenig, wie mein Vater oder meine Mutter ihres kennen. Ich habe jetzt einen Ausweis, aber meine Großmutter behauptet immer, ich sei ein Jahr älter, als darin vermerkt ist. Hier im Dorf ist das allerdings nicht weiter wichtig. Das Alter ist das Leben, die Tage, die vergehen, das Wetter draußen.

Irgendwann hat vor Jahren zur Getreideernte mal jemand von meiner Familie zu mir gesagt: »Du bist jetzt zehn Jahre alt!«

Sechs Monate oder ein Jahr hin oder her, das weiß hier niemand so genau. Man kann es auch mit einem früheren oder späteren Kind verwechselt haben. Ein Standesamt gibt es in den Dörfern nicht. Ein Kind wird geboren, es lebt, es wächst heran.

Das ist alles, was zählt.

Mit etwa sechs Jahren fing ich an, meiner Mutter oder meiner Tante bei der Hausarbeit zu helfen. Wenn mein Vater Mais für das Vieh brachte, schnitt ich ihn mit. Manchmal ging ich auch mit auf die Wiesen zum Grasmähen. Mein Bruder Hazoor Bakhsh kümmerte sich um die Getreideernte, wenn mein Vater in seinem kleinen Sägewerk arbeitete.

Mit der Zeit vergrößerte sich die Familie. Zuerst kam eine Schwester, Naseem. Dann eine weitere Schwester, Jamal, die leider von uns gegangen ist. Danach Rahmat und Fatima. Und schließlich ein zweiter Sohn, Shakkur. Der Jüngste.

Manchmal hörte ich meine Mutter sagen, wenn Gott ihr

als Nächstes noch einen Sohn und anschließend kein weiteres Kind mehr schenken würde, wäre sie zufrieden. Eine Art Eingeständnis, dass sie genügend Kinder zur Welt gebracht hatte. Aber nach Shakkur kam noch Tasmia, die letzte Tochter.

Zwischen meinen beiden Brüdern besteht ein großer Altersunterschied, bei uns Mädchen ist er geringer.

Ich erinnere mich an die Spiele, die wir mit unseren Stoffpuppen erfanden, wenn wir Zeit hatten. Das war in unseren Augen eine sehr ernste Angelegenheit. Wir stellten sie selbst her, und es gab Mädchen und Jungenpuppen. Das Spiel bestand darin, die künftigen Eheverbindungen unter den Puppen zu diskutieren. Ich nahm zum Beispiel eine Jungenpuppe, meine Schwester eine Mädchenpuppe, und schon konnten die Verhandlungen beginnen.

»Willst du deine Tochter meinem Sohn zur Frau geben?«, fragte ich mit ernster Miene, wie ich es mir von den Erwachsenen abgeschaut hatte.

»Ja«, erwiderte meine Schwester und runzelte nachdenklich die Stirn. »Aber nur unter einer Bedingung, und zwar dass auch du deinen Sohn meiner Tochter gibst.«

»Nein«, ich schüttelte energisch den Kopf. »Ich gebe ihr meinen Sohn nicht. Mein Sohn ist schon mit der Tochter meines Onkels verlobt.«

Wir erfanden um die von den Eltern arrangierten Hochzeiten Auseinandersetzungen, die auf dem basierten, was wir so von den Erwachsenen hörten. Einige der Puppen stellten dann die »Großen« dar – die Eltern, die älteren Brüder, sogar die Großmütter –, andere die »Kleinen«, bis hin zu den Enkelkindern. Kurz: eine ganze Familie.

Manchmal spielten wir mit zwanzig Puppen gleichzeitig, die wir aus allen greifbaren Stoffresten hergestellt hatten. Mädchen und Jungen unterschieden sich durch ihre Kleidung. Für die Jungen machten wir Hosen und große weiße Hemden. Der Kopf der Mädchen war mit einem Tuch oder einer Art Schal umhüllt. Wir bastelten ihnen aus geflochtenen Stoffffetzen lange Haare. Das Gesicht malten wir mit etwas Schminke auf, dazu kleine Schmuckstücke auf der Nase und Ohrringe. Das war das Schwierigste, denn Schmuckstücke konnten wir nur aus mit Perlen besticktem Stoff oder glänzenden Dingen herstellen, welche die Erwachsenen wegwarfen, wenn sie zu abgetragen waren.

Dann setzten wir uns mit der ganzen Stofffamilie in den Schatten, weit von den Eltern entfernt, denn wenn es zu Hause Streit gegeben hatte, spielten wir die Szene begeistert mit unseren Puppen nach, was natürlich niemand hören durfte! Um unsere Schätze vor Staub zu schützen, setzten wir sie auf Ziegelsteine. Dann konnte die schöne und komplizierte Hochzeitsvorbereitung beginnen.

»Willst du einen Verlobten für deine Nichte? Er ist noch im Mutterleib!«

»Wenn es ein Sohn wird, gib ihn mir. Wenn es eine Tochter wird, gebe ich dir meinen jüngsten Sohn.«

»Aber dein Sohn muss in meinem Haus leben. Und er muss ein Gramm Gold mitbringen. Und Ohrringe!«

Ich habe seit Langem nicht mehr so gelacht wie in dem Moment, als ich Naseem von der Hochzeit eines Cousins erzähle. Ich war damals etwa sieben oder acht Jahre alt. Es war meine erste große Reise. Ich fuhr mit einem Onkel in das etwa fünfzig Kilometer entfernte Dorf. Es gab keine Straße, nur einen Pfad, und das Wetter war miserabel, es regnete ununterbrochen. Wie gewöhnlich reisten wir mit dem Fahrrad: drei Räder, auf denen die ganze Familie untergebracht war. Ich saß bei meinem Onkel auf der Stange, ein anderes Kind auf dem Lenker und wieder jemand anders auf dem Gepäckträger. Es regnete die ganze Fahrt über, doch wir waren glücklich, zu diesem Fest fahren zu können, unsere Verwandten zu sehen und mit ihnen zu spielen.

Doch während dieses Abenteuers fiel eine meiner Tanten,

gut angezogen und mit schönen Glasarmbändern geschmückt, vom Gepäckträger. Die Armbänder rissen, alle Steine lagen über den Boden zerstreut, und sie war leicht verletzt. Im ersten Augenblick gerieten alle in Panik, weil sie furchtbar laut schrie. Sie hatte Schmerzen und weinte um die bunten Glasstücke … Ihre Arme mussten bandagiert werden, und plötzlich sahen wir Kinder uns an und lachten laut los, und alle anderen stimmten ein. Die Reise, die noch lang war, war bis zum Ende von schallendem Gelächter geprägt. Selbst die arme Tante mit ihren bandagierten Armen lachte mit.

Naseem und ich reden und reden. Und so erfahre ich ebenfalls so einiges über meine neue Freundin.

Auch wenn Naseem gebildeter ist als ich, muss sie sich der Tradition beugen, und seit Langem hat ihre Familie einen Mann für sie ausgewählt. Allerdings entspricht er nicht ihren Vorstellungen. Deshalb versucht sie seit einiger Zeit, natürlich ohne es an der nötigen Ehrfurcht ihren Eltern gegenüber mangeln zu lassen, dieser Verbindung zu entkommen. Ohne Streit, ohne Diskussionen.

Sie ist siebenundzwanzig Jahre alt, sie studiert, und da er bislang nicht aufgetaucht ist, hofft sie … dass er selbst verzichten, vielleicht des Wartens überdrüssig sein wird oder sogar eine andere Frau kennenlernt. Auf alle Fälle will sie möglichst lange widerstehen.

Bislang ist sie ihrem Traummann jedenfalls noch nicht begegnet.

Übrigens darf sich eine junge Frau bei uns ihren Mann nicht selbst aussuchen, das ist eines der großen Verbote in unserer Tradition. Einige Frauen, die sich dem widersetzt haben und das Risiko eingegangen sind, wurden bedroht, gedemütigt, geschlagen, manchmal sogar getötet. Dabei müsste eine solche Wahl nach den neuen Gesetzen eigentlich anerkannt werden. Aber jeder Stamm hat seine Traditionen, und nach islamischem Recht ist dies nicht erlaubt.

Paare, bei denen die Partner einander gewählt haben, haben größte Schwierigkeiten, die Rechtmäßigkeit ihrer Beziehung zu beweisen. So kann die Frau jederzeit der *ziná* beschuldigt werden, wie es auch meinem Bruder Shakkur widerfahren ist. Und dafür kann sie zum Tod durch Steinigung verurteilt werden, auch wenn Steinigung bei uns in Pakistan eigentlich verboten ist. Wir stehen immer zwischen zwei juristischen Systemen: dem religiösen und dem offiziellen. Nicht zu vergessen die Stammesgerichte mit ihren eigenen Regeln, die im Allgemeinen nicht dem offiziellen Gesetz entsprechen und oft auch nicht dem religiösen, was alles nur noch komplizierter und unüberschaubarer macht.

Die Scheidung ist ebenfalls eine vertrackte Sache – zumindest aus Sicht der Frau, da sie wie erwähnt nur der Ehemann gewähren kann. Strengt eine Frau die Scheidung vor einem staatlichen Gericht an, kann sich die Familie des Ehemannes »entehrt« fühlen und offiziell eine »Bestrafung« vornehmen. Außerdem führen die Verhandlungen vor Gericht nicht immer zu einer eindeutigen juristischen Entscheidung.

Als Naseem hört, dass ich geschieden bin und noch dazu das Ergebnis erreicht habe, das ich mir erhoffte, will sie alles ganz genau wissen, und ich erzähle ihr auch diese Geschichte von Anfang an, beginnend bei meiner Hochzeit.

Meine Eltern haben mir gesagt, dass ich damals etwa achtzehn Jahre alt war.

Eines Tages kam meine Schwester Jamal lachend zu mir, als ich gerade an der Feuerstelle im Hof stand und *chapatis* buk. Sie beugte sich im Vorbeigehen zu mir herüber und flüsterte mir zu: »Deine Schwiegerfamilie ist da.«

Die Nachricht überraschte mich vollkommen, und mir stieg das Blut in den Kopf. Mit glühenden Wangen stand ich da und schwankte zwischen Freude und Scham. Freude, weil ich heiraten, ein neues Leben beginnen würde, und Scham, weil meine Schwester und meine Cousinen kicherten, und ich nicht wusste, wie ich mich verhalten sollte.

Am besten so tun, als würde mich das alles nicht interessieren, und einfach weiterbacken, beschloss ich und drehte ihnen den Rücken zu.

Währenddessen sprangen sie um mich herum und riefen: »Dein Märchenprinz ist da, er ist daha.«

»Er soll sich wegscheren!«, zischte ich nur. Doch tun konnte ich zu diesem Zeitpunkt ohnehin nichts mehr, egal, ob mir mein zukünftiger Mann nun gefallen würde oder nicht.

Denn es war alles längst beschlossen, ohne mich darüber zu informieren … Beschlossen unter Männern. Das Ganze läuft etwa folgendermaßen ab: Sämtliche beteiligten Cousins, Brüder und Onkel, auch die des künftigen Ehemannes, müssen sich dazu versammeln.

Oft ist es richtig schwierig, sie alle unter einen Hut zu bekommen, und wenn einer ein Datum vorschlägt, geht eine große Diskussion los, weil der Tag natürlich nicht jedem passt.

»Bitte nicht am Freitag«, ruft dann der eine. »Da heiratet schon ein anderer Cousin von mir. Da kann ich auf gar keinen Fall.«

»Okay«, sagt der Erste. »Dann meinetwegen am Sonntag.«

Jetzt mischt sich der Nächste ein: »Nein, Sonntag ist ausgeschlossen. Da muss ich Wasser holen, ich bin mit gießen dran.«

»Das wird sich ja wohl verschieben lassen«, erwidert der Zweite, nun schon langsam ungeduldig.

»Nein, nein, das geht nicht. Sonntag habe ich keine Zeit.«

Und so geht es immer weiter, bis alle Beteiligten sich einig sind – und das kann dauern. Schließlich ist es von unzähligen Faktoren abhängig, etwa dem Mond, der Getreideernte oder der Feldarbeit, wer es wann einrichten kann.

Die Frauen haben dabei kein Mitspracherecht, sie erfahren oft nicht mal etwas davon – die Braut am allerwenigsten.

Am Abend kommt dann das Familienoberhaupt nach

Hause und verkündet seiner Frau die Neuigkeit. Die erzählt es dann ihrer Tochter, und so erfährt ein junges Mädchen, dass es an diesem oder jenem Tag verheiratet wird.

Ich erinnere mich nicht genau an den Tag und an den Monat, an dem ich erfuhr, dass ich heiraten sollte. Ich weiß nur noch, dass es im Monat vor dem Ramadan war.

Als ich hörte, wer mein künftiger Ehemann sein sollte, dachte ich angestrengt nach. Ich war ihm zufällig schon mal auf der Straße oder bei einer Feierlichkeit begegnet. Ich erinnerte mich, dass er stark hinkte, so als hätte er Kinderlähmung gehabt. Natürlich habe ich keinen Kommentar abgegeben, das hätte meinen Vater nur erzürnt. Und ich wäre auch niemals auf die Idee gekommen. Ich habe mir nur gedacht: Aha, der ist es also!

Trotzdem war ich beunruhigt. Diesen Ehemann hatte nicht mein Vater, sondern ein Onkel für mich ausgewählt. Und ich fragte mich, warum er mich mit diesem Mann verheiraten wollte. Warum gab er diesem Kerl seine Nichte? Er hatte ein recht attraktives Gesicht, aber ich kannte ihn nicht, außerdem hinkte er!

Naseem unterbricht mich in meinem Bericht und will wissen, ob er mir trotz allem gefallen habe.

Ich bin es nicht gewohnt, auf derart direkte Fragen zu antworten, doch sie beharrt lachend darauf, also gebe ich nach. »Nicht wirklich«, gestehe ich und muss an den Tag zurückdenken, als ich ihm zum ersten Mal gegenüberstand und am liebsten davongelaufen wäre. »Wenn ich hätte nein sagen können, hätte ich es sicher getan.«

Sie nickt verständnisvoll und drängt mich weiterzuerzählen, so gespannt ist sie.

Ich wusste nichts von meinem Mann, außer dass seine Eltern bereits verstorben waren und dass er mit seinem älteren Bruder zu uns gekommen war. Sobald das Datum für unsere Hochzeitsfeier feststand, war ich automatisch verlobt.

Sofort hagelten unzählige wohlgemeinte Tipps und Ratschläge, seit Generationen dieselben, auf mich nieder, und die Frauen überschlugen sich mit ihren Kommentaren förmlich.

»Du wirst jetzt bei deinem Mann leben«, hieß es da zum Beispiel. »Versuch, dem Namen deiner Eltern, deiner Familie Ehre zu machen.«

»Tu immer, was er dir sagt«, empfahl mir eine andere mit wichtiger Miene, als würde sie eine völlig neue Weisheit verkünden. »Und sei stets ehrerbietig gegenüber seiner Familie.«

Die Mütter erklären ihren Töchtern dagegen meist nichts. Ein jeder geht davon aus, dass junge Frauen wissen, was bei einer Hochzeit – und danach – passiert.

Die Vorstellung, meinem Mann untertan sein zu müssen, bereitete mir auch keine Angst, denn alle Frauen in Pakistan gehorchen ihren Männern und man hinterfragt diese Situation nicht. Der Rest ist ein Geheimnis, das die verheirateten Frauen nicht mit den jungen Mädchen teilen. Und wir dürfen keine Fragen stellen. Heiraten und Kinder in die Welt setzen sind Banalitäten.

Als ich heiraten sollte, hatte ich schon mehrere andere Frauen entbinden sehen und war der Meinung, ich wisse alles, was ich wissen musste.

In anderen Ländern und in Liedern ist häufig von Liebe die Rede, das trifft bei uns nicht zu. Nicht in meinem Land.

Bei meinem Onkel habe ich einmal einen Film im Fernsehen gesehen, der mich sehr beeindruckt hat und mir bis heute im Gedächtnis geblieben ist: Eine sehr attraktive, stark geschminkte Frau streckte einem Mann, der sie zum Weinen gebracht hatte, in einer theatralischen Geste die Arme entgegen. Ich habe nicht verstanden, was sie auf Urdu sagte, doch ich fand, dass sie die Sache ein bisschen übertrieb.

Bei uns ist eben alles von vorneherein festgelegt. Meine Eltern kümmerten sich um die Mitgift, und meine Mutter sammelte schon seit Jahren Kleinigkeiten für meine Hochzeit. Schmuckstücke, Wäsche, Kleidung. Das Mobiliar für unser gemeinsames Zuhause stellten sie im letzten Moment her. So hat mein Vater beispielsweise eigenhändig ein Bett für mich geschreinert.

An meinem Hochzeitstag trug ich der Tradition entsprechend das Kleid, das mein Verlobter mir zuvor gekauft hatte. Etwas anderes darf eine Braut nicht anziehen. Bei uns ist das Brautkleid rot. Das hat Symbolcharakter und ist sehr wichtig.

Etwa eine Woche vor der Zeremonie musste ich mir das Haar zu zwei Zöpfen flechten. Am Tag vor der Hochzeit kamen dann die Frauen der Familie meines Verlobten bei uns vorbei, öffneten mir das Haar und brachten mir etwas zu essen. Auch wenn ich nicht wusste, wozu dieses Ritual gut sein soll, machte ich es wie alle anderen.

So war mein Haar am Hochzeitstag zumindest schön gewellt.

Nach dem Ritual mit den Zöpfen folgte die Henna-Zeremonie, *mehndi* genannt. Dabei trugen die Frauen meiner zukünftigen Familie mir verschiedene Motive auf die Handflächen und die Füße auf. Danach erfolgten die traditionelle Dusche und das Ankleiden. Eine weite Pumphose, eine lose Tunika und ein großer Schal lagen für mich bereit – alles in Rot.

Außerdem legte ich zu diesem Anlass auch eine *burka* an. Ich war daran gewöhnt, denn ich trug sie schon früher, wenn ich ausging, um die Familie meines zukünftigen Mannes zu besuchen. Manchmal ging ich korrekt verhüllt mit der *burka* nach draußen, und sobald ich mich ein wenig von unserem Haus entfernt hatte, enthüllte ich mein Gesicht. Traf ich jemanden aus meiner Familie, setzte ich den Sichtschutz aus Ehrfurcht sogleich wieder auf.

Eigentlich kam ich ganz gut damit zurecht, zumindest behindert sie nicht die Sicht, denn die Löcher sind wesentlich größer als beispielsweise die der afghanischen *burka*. Natürlich ist dieses Gewand nicht sehr bequem, aber bei uns wird es zum Glück nur bis zur Hochzeit getragen. Danach legen die meisten Frauen es ab.

Mein Großvater mütterlicherseits, der polygam war, pflegte zu sagen: »Keine meiner Frauen trägt einen Schleier. Wenn sie es jedoch wünscht, so ist das natürlich ihr gutes Recht, aber dann muss sie dies auch bis zum Ende ihrer Tage beibehalten.«

Normalerweise besiegelt der Imam die Verbindung entweder am Tag des *mehndi* oder am Tag der Hochzeit selbst. Bei mir war es am Tag des *mehndi*. Als er mich fragte, ob ich meinen Mann zum Gemahl nehmen wollte, war ich im ersten Moment so beeindruckt, dass ich nicht gleich antworten konnte. Ich stand also wie zur Salzsäule erstarrt da und sagte weder Ja noch Nein. Ich brachte tatsächlich keinen Ton heraus.

Irgendwann wurde der Imam ungeduldig und beharrte auf einer Antwort. »Nun, was ist? Sag es mir! Antworte endlich!«

Die Frauen, die neben mir standen, mussten meinen Kopf zu einem Nicken bewegen und erklärten:

»Sie ist schüchtern, aber sie hat Ja gesagt, ganz eindeutig. Es besteht kein Zweifel.«

Nach dem Festessen, das aus Reis und Fleisch bestand und von dem ich keinen Bissen herunterbrachte, musste ich warten, bis meine Schwiegerfamilie zu mir kam, um mich abzuholen.

Während des Festes fanden verschiedene Rituale statt. Mein ältester Bruder zum Beispiel musste etwas Öl auf mein Haar streichen und mir ein Armband aus besticktem Stoff umlegen. Eine alte Frau mit einem unglaublich runzligen, aber sehr freundlichen Gesicht hielt ein kleines Töpfchen, und mein Bruder gab ihr ein Geldstück, damit er beginnen durfte. Nachdem er fertig war, tauchten alle Familienmitglieder den Finger hinein und strichen mir das Öl auf den Kopf.

Nun erst war es dem Ehemann erlaubt, unser Haus zu betreten. Ich saß mit meinen Schwestern und Cousinen zusammen und wartete gespannt auf ihn. Er konnte mein Gesicht unter der *burka* nicht erkennen und wusste also gar nicht, wie ich aussah, da wir uns vorher nicht getroffen hatten.

Meine Cousinen und Schwestern mussten ihn jedenfalls so lange am Betreten des Raums hindern, bis er ihnen einen kleinen Geldschein zugesteckt hatte. Sobald diesem Brauch nachgekommen war, durfte er über die Schwelle treten.

Langsam kam er herein und setzte sich wortlos neben mich. Meine Schwestern brachten ihm auf einem Tablett ein Glas Milch und stellten es vor ihm hin. Er trank es aus und stellte es, wiederum von einem Geldschein begleitet, auf den Tisch zurück.

Danach wurde das Ritual des Öls, diesmal allerdings ein wenig abgewandelt, wieder aufgenommen. Die Frauen tauchten kleine Baumwollstückchen in das Öltöpfchen, warfen sie dem Bräutigam ins Gesicht und riefen: »Hier sind Blumen für dich.«

Dann legten sie ein anderes Baumwollstück in meine rechte Hand, die ich nun fest schließen sollte, sodass mein Mann sie nicht öffnen konnte. Das ist eine Art Kraftprobe: Gelingt es ihm, meine Hand zu öffnen, hat er gewonnen und alles ist in Ordnung. Gelingt es ihm dagegen nicht, machen sich alle über ihn lustig.

Mein Ehemann startete mehrere Versuche, doch er konnte meine Hand beim besten Willen nicht öffnen.

»Du bist kein Mann«, sagte meine Schwester, und die Enttäuschung war ihrer Stimme deutlich anzumerken. »Du schaffst es nicht, ihre Hand zu öffnen!«

In diesem Fall musste er mich fragen: »Sag mir, was du willst.«

Ich sah ihn an und sagte: »Wenn du willst, dass ich die Hand öffne, so gib mir ein Schmuckstück.«

Wenn sie möchte, kann die Braut das Spiel anschließend noch einmal von vorn beginnen. Dann legen die Frauen die Baumwolle erneut in ihre Hand, und der Bräutigam muss wieder versuchen, sie zu öffnen.

Im Allgemeinen unterstützen die Schwestern, Cousinen und anderen Mädchen die Braut die ganze Zeit über mit triumphierenden Rufen: »Verlang dies, verlang das!«

Ich schloss also erneut die Hand und streckte sie meinem Bräutigam hin. Als er auch beim zweiten Mal erfolglos blieb, lachten ihn die anwesenden Frauen lauthals aus.

Ich weiß nicht, ob dieses Ritual eine symbolische Bedeutung hat oder ob der Mann scheitern soll, da er der Braut unbedingt mindestens ein Schmuckstück geben muss. Aber es findet trotzdem ein richtiger Kampf statt. Man braucht schon eine unglaubliche Kraft, um sich zu widersetzen.

Währenddessen intonieren die Mädchen verschiedene Gesänge, die sie an den älteren Bruder der Braut richten. Denn er ist es, der seine Schwester symbolisch einem anderen Mann übergibt, und er wird von den Mädchen der Familie nach dem Vater am meisten geliebt und respektiert.

Ich erinnere mich nicht genau, was die Mädchen bei meiner Hochzeit für meinen Bruder gesungen haben, aber vielleicht waren es diese Worte:

Ich blicke gen Süden
Er scheint mir sehr fern
Da taucht mein Bruder auf
Er trägt eine schöne Uhr
Und hat einen stolzen Gang …

Diese naiven Gesänge werden vermutlich bald in Vergessenheit geraten bei alldem, was die Mädchen heutzutage so im Radio hören. Doch der Respekt und die Liebe für die älteren Brüder werden ganz sicher bestehen bleiben.

Die ganze Familie, ich eingeschlossen, freute sich auf unser

Hochzeitsfest. Dennoch war ich auch ein bisschen ängstlich und traurig, da ich nun – auf ausdrücklichen Wunsch meines Ehemannes – unser Haus verlassen würde, in dem ich immerhin fast zwanzig Jahre meines Lebens verbracht hatte.

Vorbei – ich würde hier nicht mehr wirklich daheim sein. Vorbei die Kinderspiele, die Freundinnen, die Brüder, die Schwestern, ich tat einen Schritt, und alles blieb hinter mir zurück. Die Zukunft machte mir Angst.

Irgendwann erhob sich der Bräutigam. Der Tradition gemäß hakten mich meine Cousinen unter und zogen mich ebenfalls hoch. Sie führten mich zu einem großen Wagen, der von einem Traktor gezogen wurde. Ebenfalls nach altem Brauch hob mich mein Bruder auf den Wagen.

Vor dem Haus, in dem mein Mann wohnte, wartete ein kleines Kind auf uns. Er nahm es bei der Hand und führte es hinein, während man mir den *mandhani* in die Hand gab, das Gerät, mit dem die Butter hergestellt wird. Nun durfte auch ich eintreten, bevor ich in meinem neuen Zuhause meine *burka* lüftete, die letzte aller mit den Hochzeitsfeierlichkeiten verbundenen Traditionen.

Wir nennen die Zeremonie *ghund kholawi*. Die Braut darf dabei die *burka* nicht abnehmen, ehe der Bräutigam den kleinen Mädchen etwas gegeben hat.

Sie necken ihn und rufen: »Gib uns was, nimm den *ghund* nicht ab, bevor er uns nicht hundert Rupien gegeben hat ...«

Auch bei meiner Hochzeit riefen alle laut durcheinander.

»Nein, nein, fünfhundert Rupien ...«

»Nein, nimm den *ghund* nicht ab, wenn er nicht tausend Rupien gibt ...«

Mein Bräutigam ist bis fünfhundert Rupien gegangen, das war damals viel Geld, etwa der Gegenwert eines Zickleins.

Und dann durfte er endlich – zum ersten Mal – mein Gesicht sehen.

In dem Zimmer, in dem wir schlafen sollten, standen vier Betten. Mir war also auf den ersten Blick klar, dass wir in unserer Hochzeitsnacht nicht allein sein würden. Ich glaube, ich war sogar ein bisschen erleichtert darüber.

So verbrachten wir drei Nächte bei meinem Schwager, ehe wir in das Haus meines Mannes gingen, das lediglich aus einem Raum bestand.

Kaum waren wir dort, wollte mein Mann auch schon wieder zu seinem Bruder zurückkehren. Offenbar konnte er ohne ihn nicht leben! Doch leider gab es ein Problem: Die Frau meines Schwagers mochte mich nicht. Ständig suchte sie Streit, warf mir vor, ich würde nichts tun, obwohl sie mich selbst immer wieder daran hinderte.

Da der von meiner Familie aufgesetzte Ehevertrag, wie man mir nun mitteilte, ohnehin vorsah, dass mein Mann und ich bei uns leben sollten (er hatte allerdings trotzdem darauf bestanden, mit mir zu seinem Bruder zu gehen), kehrte ich nach kaum einem Monat dieser seltsamen Ehe wieder zu meinen Eltern zurück. Allerdings weigerte sich mein Mann, mir zu folgen. Er wollte bei seinem Bruder bleiben und war auch nicht bereit, mit meinem Vater zu arbeiten.

Im Nachhinein frage ich mich, ob er mich überhaupt wollte, denn er billigte mir den *talaq*, die Eheauflösung, durch die er mich sozusagen »freisprach«, problemlos zu. Also gab ich ihm seinen Schmuck zurück, und die Sache war erledigt.

Ich war unendlich froh, wieder frei zu sein, auch wenn eine geschiedene Frau in unserer Gesellschaft schlecht angesehen ist. Ich musste wieder zu meinen Eltern ziehen – denn es ist unmöglich, dass eine Frau alleine lebt, ohne in Verruf zu geraten.

Damals fing ich an, ehrenamtlich mit den Kindern und als Sticklehrerin für die Frauen zu arbeiten, um meine Familie zu unterstützen. Durch meine Tätigkeiten gewann ich außerdem meine Ehre und mein Ansehen in der Gemeinde zurück, und mein Leben verlief friedlich und in geordneten Bahnen.

Bis zu jenem verfluchten 22. Juni.

Jenem Tag, an dem die folgenschwere Entscheidung der *jirga* alles auf den Kopf stellen sollte.

Das System des Stammesrechts innerhalb einer *jirga* ist ein alter Brauch, der weder mit der Religion noch mit dem Gesetz vereinbar ist. Die Regierung hat reagiert, indem sie den Provinzgouverneuren und der Polizei empfohlen hat, »obligatorisch« ein sogenanntes »erstes Informationsprotokoll« aufzunehmen, das eine Untersuchung der Ehrenverbrechen ermöglicht. So soll verhindert werden, dass sich die Schuldigen hinter dem Urteilsspruch der *jirga* verschanzen, um ihre Untat oder ihr Blutverbrechen zu rechtfertigen.

Und genau dieses erste Protokoll habe ich, wie so viele andere Frauen vor mir, unwissend und im Vertrauen auf den Mullah blanko unterschrieben! Die örtliche Polizei hat daraufhin meine Klage nach ihrem Gutdünken formuliert, damit sie selbst keine Schwierigkeiten mit der herrschenden Kaste bekommt.

So viel menschliche Feigheit, gepaart mit Ungerechtigkeit, erlebt man selten. Die Männer, die sich in den Ältestenräten versammeln, um Familienkonflikte zu regeln, sollten eigentlich Weise sein und keine gewissenlosen Unmenschen.

In meinem Fall hat einfach ein Hitzkopf, der stolz war auf seinen Klan, der durch und durch von seiner Gewalttätigkeit beherrscht war, über alle anderen bestimmt. Die weiseren älteren Männer waren leider nicht in der Mehrzahl, und so hat sich ihm niemand ernsthaft widersetzt.

Frauen sind von diesen Versammlungen ohnehin von jeher ausgeschlossen. Dabei kennen sie gerade als Mütter und Großmütter, die all die großen und kleinen Schwierigkeiten des Alltags regeln, die Familienkonflikte am besten. Doch das interessiert niemanden, die Geringschätzung durch die Männer schließt sie aus. Ich wage nicht davon zu träumen, dass eines Tages, und sei es in ferner Zukunft, eine Dorfversammlung auch Frauen akzeptieren wird.

Mukhtar Mai

Mukhtar mit ihrer Freundin Naseem (links)

Bei den Kochvorbereitungen sind auch die Kleinsten mit dabei

*Geschlafen wird unter freiem Himmel –
das Haus von Mukhtars Familie*

*Prachtvolle Stoffe im Wind:
der Hof der Frauen in Mukhtars Haus*

Den feindlichen Klan stets vor Augen:
das Anwesen der Mastoi, von Mukhtars Haus aus gesehen

Der Eingang zur Mädchenschule

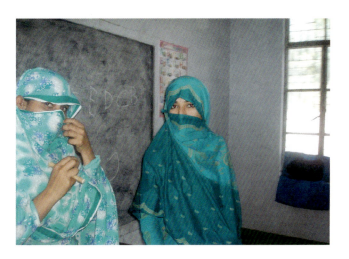

Zwei Lehrerinnen in der Schulklasse

In der Klasse der Jüngsten findet der Unterricht noch auf dem Boden statt

Von Spendengeldern finanzierte Mukhtar Mai eine Werkstatt, die Stühle für den Unterricht herstellt

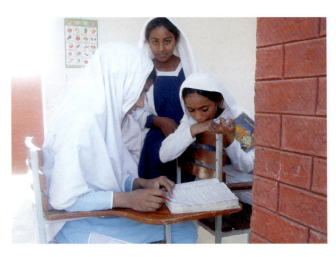

Schülerinnen bei der Vorbereitung der Schulstunde

*Im Hof der Mädchenschule warten die Schülerinnen
auf den Unterrichtsbeginn*

*Eine Freundschaft, die Kraft gab zu kämpfen:
Naseem und Mukhtar*

Abendlicher Blick aus der Mädchenschule

Neuer Mut zu leben: Mukhtar Mai

Die Tatsache, dass Frauen von diesen Versammlungen ausgeschlossen sind, ist zwar traurig, aber nicht tragisch. Was dagegen wirklich schlimm ist: Frauen dienen nach wie vor als Tauschware bei der Konfliktregelung. Immer sind sie es, die den Männern ausgeliefert sind und die jeweilige Strafe erleiden. Und diese Strafe ist immer gleich.

Obwohl in der pakistanischen Gesellschaft die Sexualität ein Tabu ist und die Ehre der Männer eben die tugendhaften Frauen sind, finden sie kein anderes Mittel der Abrechnung als Zwangsheirat oder Vergewaltigung.

Dabei lehrt uns der Koran solches Verhalten überhaupt nicht.

Hätte mein Vater oder mein Onkel eingewilligt, mich mit einem Mastoi zu verheiraten, wäre mein Leben die Hölle gewesen.

Ursprünglich war eine solche Lösung dazu gedacht, die Auseinandersetzungen zwischen den einzelnen Klans und Stämmen durch eine Vermischung zu schlichten.

Doch die Realität sieht anders aus. Eine Frau, die unter diesen Umständen verheiratet wird, hat gar keine Chance. Sie wird nämlich noch schlechter behandelt, von den Frauen des verfeindeten Klans zurückgewiesen und zur Sklavin degradiert. Schlimmer noch, manche Frauen werden aus materiellen Gründen oder einfach aus Neid unter Nachbarn vergewaltigt, und wenn sie Gerechtigkeit verlangen, beschuldigt man sie des Ehebruchs und der Anstiftung zu einer unzulässigen Beziehung.

Aber meine Familie unterscheidet sich da vielleicht von der großen Masse. Ich kenne die Geschichte der Gujjar-Kaste im Punjab nicht, und ich weiß auch nicht, woher mein Stamm gekommen ist oder was vor der Teilung von Indien und Pakistan seine Sitten und Gebräuche waren. Unsere Gemeinschaft besteht sowohl aus Kriegern als auch aus Bauern. Wir sprechen einen Minderheitendialekt, Siraiki, der vor allem im Süden des Punjab verbreitet ist, während die offizielle Landessprache Urdu ist. Viele gebildete Pakistaner sprechen außerdem Englisch.

Ich beherrsche weder die eine noch die andere Sprache, sondern spreche Dialekt.

Diese Tatsache schüchtert mich oft ein, da ich nicht alles verstehe, was um mich herum geschieht, und ich Angst habe, erneut in irgendwelche Fallen zu tappen.

Doch seit Naseem meine Freundin ist, geht es mir in dieser Hinsicht deutlich besser. Ihr habe ich mich restlos anvertraut, sie weiß alles über mich, und sie hilft mir, wo sie nur kann.

Während ich den Männern nach wie vor großes Misstrauen und Furcht entgegenbringe, hat sie vor nichts Angst. Und das beeindruckt mich sehr.

Aber das Wichtigste, was ich in jüngster Zeit für mich entdeckt habe – abgesehen von der Notwendigkeit, den Mädchen in meinem Dorf Bildung zu vermitteln und ihnen so die Möglichkeit zu geben, sich durch die Alphabetisierung nach außen zu öffen –, ist die Selbstfindung.

Nicht zuletzt dank Naseem habe ich gelernt, zu leben und mich als Frau zu respektieren. Bis dahin war meine Auflehnung instinktiv, ich habe gehandelt, um mich und meine bedrohte Familie zu retten. Irgendetwas in mir, eine unbändige Wut und Kraft, hat mich daran gehindert aufzugeben. Sonst hätte ich mit Sicherheit der Versuchung des Selbstmords nachgegeben.

Wie sonst kann eine Frau diese Schande überwinden? Diese Verzweiflung? Im ersten Zorn rettet einen der Wunsch nach Rache vor dem lockenden Tod. Er ist es, der einen aufrichtet, der es einem erlaubt, vorwärtszugehen, zu handeln.

Ein vom Gewitter niedergedrückter Weizenhalm kann sich entweder wieder aufrichten oder verfaulen. Zunächst habe ich mich allein wieder aufgerappelt, und nach und nach wurden mir meine Existenzberechtigung als Mensch und meine Rechte bewusst.

Ich bin ein gläubiger Mensch, ich liebe mein Dorf, den Punjab und mein Land, und mein erklärtes Ziel ist es, für dieses Land, für all die Frauen, denen Gewalt angetan worden ist, für die neue Generation von Mädchen einen anderen Status zu erreichen.

Anfangs war ich keine militante Feministin, selbst wenn mich die Medien gelegentlich als solche dargestellt haben. Allerdings bin ich durch all die Erfahrungen der letzten Jahre zu einer geworden. Denn ich bin eine Überlebende, eine einfache Frau in einer von Männern beherrschten Gesellschaft.

Aber die Männer zu verachten ist nicht der richtige Weg für uns Frauen, um selbst endlich respektiert und geachtet zu werden.

Was wir brauchen, ist eine Auseinandersetzung unter Gleichgestellten.

5

Die Zeit vergeht in Meerwala

Bis meine Geschichte in den Medien für Furore sorgte, war mein Dorf im Industal, das im Süden des Westpunjabs, im Muzaffargar-Distrikt gelegen ist, sowohl in Pakistan als auch im Rest der Welt völlig unbekannt.

Die nächste Polizeiwache befindet sich in der nur wenige Kilometer entfernten Stadt Jatoi. Um Dera Ghazi Khan und Multan, die beiden nächstgelegenen Großstädte, zu erreichen, braucht man ungefähr drei Stunden mit dem Auto, weil die Straße immer mit großen LKWs, überladenen Motorrädern und schweren Karren verstopft ist. In Meerwala gab es lange Jahre weder Geschäfte noch eine Schule. Deshalb habe ich ja auch ehrenamtlich als Koranlehrerin gearbeitet.

Die Errichtung meiner Schule hat die Einwohner von Meerwala neugierig gemacht. Dennoch blieben sie misstrauisch, und ich hatte anfangs nur sehr wenige Schüler.

Mit Naseems Hilfe ging ich hausieren, um die Eltern in langen Gesprächen und mit vielen Worten davon zu überzeugen, uns ihre Töchter zu überlassen. Die Menschen schlugen uns nicht die Tür vor der Nase zu, aber die Väter gaben uns zu verstehen, dass Mädchen nun mal ins Haus gehörten und nicht in die Schule.

Die Jungen hatten da eindeutig mehr Möglichkeiten. Diejenigen, die nicht auf dem Feld arbeiteten, durften die Schule in einem anderen Dorf besuchen. Natürlich nur, sofern sie das auch wollten, denn so etwas wie Schulpflicht kennen wir hier nicht, und demnach zwang sie auch niemand dazu.

Die diplomatischen Verhandlungen mit den Eltern haben mich und Naseem, ohne deren Unterstützung ich das alles nie geschafft hätte, viel Zeit und Mühe gekostet.

Natürlich kam es unter keinen Umständen in Frage, dass wir auch die Angehörigen der Mastoi ansprachen. Meinetwegen saßen schließlich die ältesten Söhne des Klans im Gefängnis. Und sollte mich eines Tages die Polizei ohne Schutz zurücklassen, weiß ich, dass sie die erstbeste Gelegenheit ausnutzen würden, um Vergeltung zu üben. Sie erklärten allen, die es hören wollten, dass sie sich an mir und meiner Familie früher oder später rächen würden.

Am Anfang war die Schule wie erwähnt aufgrund unserer bescheidenen Mittel sehr schlicht und einfach ausgestattet. Die Kinder saßen dicht gedrängt auf bunten Matten auf dem Boden und lauschten dennoch andächtig den Worten der Lehrerin. Bereit, Wissen in sich aufzusaugen und zu lernen.

Das Schulmobiliar kam erst später, und zu meinem Bedauern müssen manche Kinder, vor allem die jüngeren, noch immer auf dem Boden sitzen. Zum Glück konnte ich inzwischen mehrere große Ventilatoren kaufen, um die Schüler zumindest vor der Hitze und den Fliegen zu schützen. Doch ihrem Arbeitseifer tun die widrigen Umstände keinen Abbruch, und wenn sie mit strahlenden Augen im Chor das Alphabet laut aufsagen, treten mir regelmäßig Tränen der Rührung in die Augen.

Anfangs konnte ich nur eine Lehrerin beschäftigen, aber dank des Artikels von Nicolas D. Kristof, der im Dezember 2004 in der *New York Times* erschien, war Margaret Huber, die kanadische Hochkommissarin in Islamabad, auf die Schule aufmerksam geworden.

Seit 1947 kooperiert Kanada mit dem pakistanischen

Staat und engagiert sich vor allem in den Bereichen Bildung, Gesundheit und Demokratie. Dank der Hartnäckigkeit der Vertreter der pakistanischen NGOs haben die bisherigen Regierungswechsel diese langjährige und gute Zusammenarbeit nicht gefährden können. Kanada hat Millionen von Dollar in die Entwicklungshilfe meines Heimatlandes gesteckt – und einiges bewegt.

Zuerst kam Mustapha Baloch, der Vertreter der SPO, nach Meerwala, um die Schule zu begutachten. Anfang 2005 ist die Hochkommissarin dann höchstpersönlich, in Begleitung zahlreicher Journalisten, in mein Dorf gereist. Zu meiner grenzenlosen Freude hat sie mir einen Scheck über mehr als zwei Millionen Rupien, also umgerechnet achtundzwanzigtausend Euro, überreicht – die Beteiligung ihres Landes an der Errichtung meiner Schule.

Sprachlos habe ich ihn entgegengenommen, und es hat einen langen Moment gedauert, bis ich ihr freudestrahlend meinen Dank aussprechen konnte.

So viel Geld! Was ich damit alles bewegen kann!

Frau Huber hat mich vor der Presse ausgiebig für meinen Mut und meinen Kampf für die Gleichberechtigung und die Rechte der Frauen gelobt. Ebenso für meinen Willen, mein Leben der Gerechtigkeit und der Bildung zu widmen. Doch davon später mehr.

Das alles hat mich jedenfalls unglaublich stolz gemacht.

Da ich bereits knapp fünfhunderttausend Rupien von der pakistanischen Regierung und Privatspenden aus den Vereinigten Staaten bekommen hatte, ging der Ausbau zügig voran.

Der Unterricht musste nicht mehr unter freiem Himmel, unter den Bäumen stattfinden, sondern in einem richtigen Klassenzimmer, aus festen Steinen gebaut.

Dank der Spende der kanadischen Organisation CIDA konnte ich ein Jahr lang fünf Lehrer beschäftigen sowie ein Schuldirektorbüro und zwei Extraklassenzimmer bauen lassen, in denen dann die Jungen unterrichtet wurden. Um trotz der vielen Spenden so wenig Geld wie möglich auszugeben, habe ich kurzerhand Holz gekauft und einen Schreiner beauftragt, für meine Schüler Schreibtische und Stühle anzufertigen. Darüber hinaus ließ ich einen Stall für Ziegen und Rinder errichten, um uns ein regelmäßiges Einkommen zu sichern. Es war mir sehr wichtig, dass wir von den Spenden unabhängig waren. Denn mir war klar, dass die fremden Hilfsgelder nicht ewig fließen würden.

Nachdem das Schulgebäude stand, waren auch die meisten Eltern im Dorf überzeugt, und ich hatte bereits zwischen vierzig und fünfundvierzig Schüler und Schülerinnen. Der Unterricht war sowohl für die Mädchen als auch für die Jungen kostenlos, das war mir von Anfang an sehr wichtig.

Wenn mir zu dem Zeitpunkt jemand gesagt hätte, dass die Schülerzahl noch weiter steigt, ich hätte es nicht geglaubt.

Trotzdem muss ich die Eltern immer wieder davon überzeugen, dass sie ihre Töchter auch tatsächlich regelmäßig am Unterricht teilnehmen lassen. Allzu oft überhäufen sie nämlich gerade die älteren Mädchen mit so viel Hausarbeit, dass sie den Schulbesuch ausfallen lassen müssen.

Um dem entgegenzuwirken, sind wir auf die Idee gekommen, eine Auszeichnung für Fleiß einzuführen, und zwar für die Schüler und Schülerinnen, die keinen einzigen Schultag verpassen würden. Der Preis wird jeweils am Ende des Schuljahres überreicht: eine Ziege für die Mädchen und ein Fahrrad für die Jungen.

Inzwischen verfüge ich sogar über ein eigenes kleines Stück Land. Darauf steht auch das Haus meiner Eltern, in dem ich geboren wurde und weiterhin wohne. Der große Hof darf auch von den Frauen genutzt werden, zusätzlich zu den Räumen, die ohnehin für sie reserviert sind.

Für die Schule stehen uns jetzt ein weiter Pausenhof unter freiem Himmel und vier Klassenzimmer zur Verfügung. Zu meiner großen Freude kümmern sich nun dauerhaft fünf Lehrerinnen, deren Gehälter von fremden Organisationen übernommen werden, um die Mädchen. Während die Jungen von einem Lehrer betreut werden, dessen Lohn vom pakistanischen Staat bezahlt wird. Eines Tages wird die Regierung vielleicht auch für die Gehälter der Frauen aufkommen.

Ich wünsche es mir jedenfalls sehr. Doch ich kann nichts weiter tun als hoffen …

Es gibt seit Kurzem auch ein großes Büro mit einer übersichtlichen, aber gut sortierten Bibliothek, in der ich die wichtigen Unterlagen sowie die Schul- und Klassenbücher aufbewahre.

Draußen haben wir einen Wasserspender für alle installiert und außerdem einen Waschraum für die Männer einrichten lassen. Auf dem Hof gibt es auch noch eine Wasserpumpe für den täglichen Bedarf und eine Feuerstelle.

Naseem ist die offizielle Leiterin der Schule, während sich Mustapha Baloch als technischer Leiter sowohl um die Bauarbeiten als auch um sämtliche organisatorische Fragen kümmert. Die CIDA hat den Fortgang der Arbeiten nämlich regelmäßig kontrolliert und sich vor Ort ein Bild von den Fortschritten gemacht.

Alles läuft perfekt.

Zwischen Dattelpalmen, Zuckerrohr- und Weizenfeldern agiere ich als Direktorin der einzigen Mädchenschule in meiner Region und habe inzwischen selbst ein bisschen lesen und schreiben gelernt.

Die Dorfmitte liegt am Ende eines Feldweges. Von der Schwelle meines Büros aus kann ich die Moschee erblicken, und auf der anderen Seite des Hauses, hinter dem Ziegenstall, ist das Anwesen der Mastoi zu sehen.

Die Kinder drücken regelmäßig die Schulbank, und zwar Mädchen und Jungen gleichermaßen, und ich habe seit längerer Zeit keine direkten Drohungen erhalten. In meiner Schule herrschen Ruhe und ein friedliches Miteinander.

Unsere Schüler gehören den verschiedensten Stämmen an, sowohl den höheren als auch den niedrigeren. Aber in ihrem Alter gehen sie noch sehr freundlich miteinander um, und die Konflikte der Erwachsenen sind noch nicht sichtbar.

Vor allem bei den Mädchen nicht. Bei ihnen ist mir bisher keine bösartige Bemerkung zu Ohren gekommen. Bei den Jungen weiß ich nicht ganz so gut Bescheid. Deren Klassenzimmer liegen jenseits meiner kleinen Frauendomäne, damit sich Mädchen und Jungen nicht zufällig über den Weg laufen und es zu Problemen kommt.

Täglich höre ich zu, wenn die Mädchen ihre Lektionen aufsagen, wenn sie unter dem inzwischen zum Teil überdachten Pausenhof diskutieren, lauthals lachen oder umherrennen.

All diese Stimmen stärken mich und geben mir Kraft und Hoffnung. Heute hat mein Leben endlich einen Sinn. Es war vorbestimmt, dass diese Schule entstehen würde, und ich werde ein Leben lang für ihre Erhaltung kämpfen. In ein paar Jahren werden diese kleinen Mädchen über genug Wissen verfügen, um ihr Dasein anders zu gestalten, als es zum Beispiel mir und meinen Schwestern möglich war.

Das ist meine größte Hoffnung.

Obwohl Meerwala wegen meiner Geschichte in der ganzen Welt berühmt wurde, hat sich in Pakistan leider so gut wie nichts geändert. Frauen sind nach wie vor Opfer von Gewalt. Jede Stunde wird in diesem Land eine Frau misshandelt, geschlagen, mithilfe von Säure entstellt, oder sie stirbt zufälligerweise bei einer Gasflaschenexplosion …

Die pakistanische Menschenrechtsorganisation hat allein in der Provinz Punjab etwa hundertfünfzig Vergewaltigungsfälle innerhalb der letzten sechs Monate registriert.

Auch ich empfange regelmäßig Frauen, die mich um Hilfe bitten, denn ich habe außerdem eine Zufluchtstelle für missbrauchte Frauen eingerichtet. Naseem gibt ihnen juristische

Ratschläge, empfiehlt ihnen, niemals irgendwelche Aussagen ohne Zeugen zu unterschreiben und sich an Frauenschutzorganisationen zu wenden.

Meine gute Freundin Naseem hält mich auf dem Laufenden über die Fälle, die in der Presse besprochen werden. Denn mit dem Schreiben und Lesen komme ich nur langsam voran. Ich kann inzwischen bereits mit meinem Namen unterschreiben und sogar kleine Reden verfassen, aber Naseem liest nach wie vor schneller als ich.

»Zafran Bibi, eine sechsundzwanzigjährige Frau, die von ihrem Schwager vergewaltigt worden war, wurde schwanger. Als sie darauf bestand, das Kind zu behalten, hat man sie im Jahr 2002 zur Steinigung verurteilt. Denn das Baby war für die Männer, die über ihr Schicksal bestimmt haben, der lebendige Beweis, dass sie der *ziná* schuldig war. Ihr Vergewaltiger wurde zu keinem Zeitpunkt behelligt. Sie sitzt im Gefängnis in Kohat im Nordwesten Pakistans, wo ihr Ehemann sie regelmäßig besucht und ihre Freilassung fordert. Sie wird zwar nicht gesteinigt, aber ihr drohen mehrere Jahre Gefängnis, während der Täter von dem Gesetz geschützt wird.«

»Eine junge Frau ist eine Liebesheirat eingegangen. Damit hat sie also alleine entschieden, den Mann zu heiraten, den sie liebt, ohne das Einverständnis ihrer Eltern oder des Verlobten, der für sie bestimmt war. Daraufhin war dieser der Meinung, dass sie schlecht erzogen sei. Anlässlich eines Familientreffens haben ihre beiden Brüder ihren Mann ermordet, um ihn dafür zu bestrafen, dass er die Familienehre besudelt hatte.«

Keine junge pakistanische Frau darf an die Liebe denken. Keine junge pakistanische Frau hat das Recht, den Mann zu heiraten, den sie sich wünscht. Selbst in gebildeten Kreisen ist es die Pflicht der Frau, die Wahl ihrer Eltern zu respektieren. Dabei spielt es keine Rolle, dass diese Wahl oft schon vor ihrer Geburt getroffen wird.

Weil sie es sich nicht haben nehmen lassen, frei zu entscheiden, wen sie heiraten, haben die *jirgas* in den vergangenen Jahren unzählige junge Frauen verurteilt, obwohl das islamische Staatsgesetz es ihnen mittlerweile erlaubt.

Dennoch unterstützt die Polizei, gerade in den ländlichen Regionen, nach wie vor lieber die Entscheidungen der Stammesgerichte, anstatt die Frauen zu beschützen. Am einfachsten ist es daher oft für die »entehrte« Familie, einfach zu behaupten, der auserwählte Mann habe ihre Tochter vergewaltigt.

Als Naseem und ich wieder einmal zusammensitzen und über die Situation der Frauen in unserem Land sprechen, berichtet sie mir von folgendem Fall:

Faheemuddin aus der Kaste der Muhajir und Hajira aus der Kaste der Manzai hatten geheiratet. Hajiras Vater war damit jedoch nicht einverstanden und erstattete gegen den Ehemann Anzeige wegen Vergewaltigung. Daraufhin verhaftete die Polizei das verheiratete Paar. Während des Prozesses gegen ihren geliebten Mann beteuerte die junge Frau mehrfach, dass sie die Ehe mit ihm aus freien Stücken eingegangen sei und er sie keineswegs vergewaltigt habe. Der Oberste Gerichtshof schickte sie daraufhin in ein Frauenschutzzentrum, um über ihr Schicksal zu beraten. An dem Tag, an dem der Urteilsspruch zugunsten des Paares verkündet wurde und die beiden als freie Menschen aus dem Gerichtsgebäude in Hyderabad traten, tauchte eine Gruppe Männer auf. Unter ihnen auch der Vater, der Bruder und der Onkel von Hajira. Die verliebten jungen Leute versuchten mit einer Rikscha zu fliehen, als sie auf offener Straße erschossen wurden.

An jenem Nachmittag berichtet Naseem mir auch von einer Christin, die zum Islam konvertiert war, nachdem sie einen

Moslem geheiratet hatte. Mischehen sind in Pakistan übrigens sehr selten. Die beiden bekamen ein Kind, nannten es Maria und lebten viele Jahre glücklich und unbeschwert zusammen.

Eines Tages, Maria war inzwischen siebzehn Jahre alt, kam ein Onkel der Familie zu Besuch und behauptete, seine Frau sei krank und verlange nach dem Mädchen. Selbstverständlich ließen die Eltern ihre Tochter mit dem Onkel gehen, was sie bald bitter bereuen sollten. Denn an jenem Tag verschwand das Mädchen.

Wochenlang hatte ihre Mutter vergeblich nach ihr gesucht und dabei Himmel und Hölle in Bewegung gesetzt. Die Verwandten sperrten Maria einfach in einem Zimmer ein, ohne ihr zu sagen, warum. Die einzige Person, die sie in jenen schweren Monaten sah, war eine alte Frau, die ihr etwas zu essen und zu trinken brachte.

Eines Tages kamen mehrere bewaffnete Männer, begleitet von einem Religionsgelehrten, herein und zwangen sie, zwei Verträge zu unterschreiben: einen Ehevertrag und einen, in dem sie bestätigte, dass sie ihren christlichen Namen ablegt.

Kurz darauf wurde Maria in Kalsoom umbenannt und zu dem Haus ihres neuen Mannes geführt, einem Extremisten, der zwanzigtausend Rupien, etwa dreihundert Euro, für ihre Entführung bezahlt hatte. Dort hielt man sie wieder wie eine Gefangene, denn die anderen Frauen, die in dem Haushalt lebten, überwachten, misshandelten und beschimpften sie, weil sie Maria wegen ihres Namens für eine Christin hielten.

Nachdem die arme junge Frau ihrem Ehemann ein Kind geboren hatte, versuchte sie zum ersten Mal zu fliehen. Doch sie kam nicht weit, und als ihre Peiniger sie schnappten, verprügelten sie das Mädchen. Als sie erneut schwanger wurde, gelang es ihr eines Tages zu entkommen. Jemand hatte eine Tür nicht richtig geschlossen, und sie konnte sich unbemerkt aus dem Haus stehlen.

Nach drei Jahren Gefängnis fand sie endlich mit ihrem Kind Zuflucht bei ihrer Mutter und versteckte sich in ihrem Elternhaus. Aber ihr Mann war sehr einflussreich. Er weigerte sich, der Scheidung zuzustimmen, und wollte sein Kind unter allen Umständen behalten.

Maria musste von da an versteckt leben, da der Anwalt, der auf solche Scheidungsverfahren spezialisiert war, den Fall aufgab. Bevor er sie im Stich ließ, warnte er Mutter und Tochter noch: Die Familie ihres Mannes sei sehr mächtig, und sie seien in Gefahr. Der Ehemann hatte bereits mehrere Männer engagiert, um sie entführen zu lassen. Der Anwalt konnte ihr nur noch helfen, indem er für sie ein Versteck fand.

Die Geschichte dieser jungen Frau stand in der Zeitung. In einem Schreiben der Menschenrechtsorganisation wird berichtet, dass zweihundertsechsundzwanzig minderjährige Frauen im Punjab Marias Schicksal teilten, sie alle wurden entführt und zwangsverheiratet.

Wenn eine junge Frau sich weigert, bemüht sich ihre Familie fast immer, die Angelegenheit irgendwie in Ordnung zu bringen. Da eine Ablehnung als Beleidigung betrachtet wird und oft zu tödlichen Abrechnungen führt, treffen sich die Familien vor der *jirga*, um die Sache zu klären.

Für den Fall, dass es auf beiden Seiten Tote gab, besteht die Entschädigung entweder in einer gewissen Summe Geld oder in der Übergabe einer Frau, wenn nicht zweier, je nachdem, wie die Mitglieder der *jirga* entschieden haben.

Naseem sagt, dass wir Frauen weniger wert seien als Ziegen, dass wir im Grunde sogar noch weniger wert seien als die alten, abgetragenen Sandalen, welche die Männer einfach achtlos wegwerfen und erneuern, wie es ihnen beliebt.

In einem Mordfall traf eine *jirga* zum Beispiel die Entscheidung, der Familie des Opfers zwei kleine Mädchen von jeweils elf und sechs Jahren zu übergeben. Die größere der beiden wurde mit einem sechsundvierzig Jahre alten Mann verheiratet, die kleine mit dem Bruder des Opfers, der gerade mal acht war. Die beiden Familien stimmten dem Tausch zu. Und das, obwohl er die Folge eines völlig lächerlich begründeten Mordes war. Denn ursprünglich ging es um einen Streit zwischen Nachbarn wegen eines Hundes, der zu oft bellte.

Zu solch grausamen Entscheidungen kommt es, weil die *jirga*-Mitglieder noch immer von der absurden Vorstellung ausgehen, tödliche Streitereien innerhalb eines Dorfes ließen sich am besten schlichten, indem man eine oder zwei Töchter verheiratet, um Familienbande zwischen den Gegnern zu knüpfen. Jedoch ist die Entscheidung des Stammesgerichts nichts als pures Feilschen. Die versammelten Männer haben lediglich eine Schlichterrolle und können nur im Einverständnis mit den gegnerischen Parteien einen Streit beilegen. Sie können jedoch nicht wie ein offizielles Gericht Recht sprechen.

In der Regel wird ohnehin Gleiches mit Gleichem vergolten. Wenn also Angehörige eines Stammes zwei Männer eines anderen Klans getötet haben, dürfen die Angehörigen der Opfer im Gegenzug ebenfalls zwei Menschen ermorden … Wenn eine Frau vergewaltigt wurde, hat ihr Mann, der Vater oder der Bruder das Recht, eine andere zur Vergeltung zu vergewaltigen. Die meisten Konflikte, welche die Ehre der Männer nicht infrage stellen, lassen sich finanziell regeln. Das gilt manchmal sogar für Mordfälle.

Es ist durchaus nicht selten – und vielleicht bin ich sogar der lebendige Beweis dafür –, dass ein früherer Streitfall um Land sich im Laufe der Jahre unerklärlicherweise in eine Ehrenaffäre verwandelt. Letztere ist von dem Dorfrat natürlich viel leichter zu klären, und man braucht keine einzige Rupie auszugeben.

* * *

110

Das größte Problem für die Frauen in Pakistan ist, dass man sie für dumm und unwissend hält. Sie dürfen wie erwähnt an den Beratungen nicht teilnehmen, noch nicht einmal, wenn eine Frau die Ursache für den Streit war oder als Schadenersatz dienen soll. Sie wird vielmehr prinzipiell von der ganzen Verhandlung ferngehalten.

Von heute auf morgen erfährt sie dann, dass sie dieser oder jener Familie »gegeben« wurde. Oder, wie in meinem Fall, dass sie die andere Familie um Verzeihung bitten muss.

Wie Naseem immer sagt, sind die Dramen und die Konflikte in einem Dorf wie Knoten, die der Rat allen offiziellen Gesetzen zum Trotz und vor allem gegen die Menschenrechte löst.

Im Januar 2005, während ich schon seit zwei Jahren auf das Urteil des Berufungsgerichts von Multan warte, macht ein anderer Fall Schlagzeilen, den die Berichterstatter gern mit meinem vergleichen, obwohl sie sich sehr voneinander unterscheiden.

Frau Doktor Shazia Khalid, eine gebildete, zweiunddreißigjährige, verheiratete Mutter, arbeitete bei Pakistan Petroleum Limited, einem Staatsunternehmen in Balutschistan. Am 2. Januar, als die schreckliche Tat geschah, war ihr Mann im Ausland. Sie war allein in ihrem Haus auf einem abgesperrten und bewachten Grundstück, da sich das Förderareal der PPL auf einem isolierten Stammesgebiet befindet.

Sie schlief, als ein Mann in ihr Zimmer eindrang und sie vergewaltigte. Wie es weiterging, hat sie selbst erzählt:

»Ich habe mich gewehrt, als er mich an den Haaren gezogen hat, und laut geschrien, aber niemand ist gekommen, um mir zu helfen. Als ich das Telefon erreichen wollte, hat er mir mit dem Hörer auf den Kopf geschlagen und dann versucht, mich mit der Schnur zu erdrosseln. Ich habe ihn angefleht: ›Um Gottes willen, ich habe Ihnen doch nichts Unrechtes getan. Warum behandeln Sie mich so?‹

Worauf er geantwortet hat: ›Sei still! Draußen wartet jemand mit einem Benzinkanister. Wenn du dich nicht ruhig verhältst, wird er dich bei lebendigem Leib verbrennen.‹

Dann hat er mich vergewaltigt und mir die Augen mit meinem Schal verbunden, bevor er mich mit einem Gewehrkolben geschlagen und sich ein zweites Mal an mir vergangen hat.

Später hat er mich mit einer Decke zugedeckt, mir die Hände mit der Telefonschnur gefesselt und hat sich einfach vor den Fernseher gesetzt. Ich hörte, wie Leute im Hintergrund auf Englisch sprachen.«

Frau Doktor Shazia fiel daraufhin in Ohnmacht. Später schaffte sie es, sich von ihren Fesseln zu befreien und Zuflucht bei einer Krankenschwester der Firma zu finden.

»Ich konnte nicht reden, aber die Frau hat sofort verstanden, was geschehen war. Kurz darauf sind einige Ärzte der PPL vorbeigekommen. Ich habe erwartet, dass sie meine Wunden pflegten, doch sie haben nichts dergleichen getan, im Gegenteil. Sie haben mir Beruhigungsmittel gegeben und mich heimlich mit einem Flugzeug in ein psychiatrisches Krankenhaus in Karatschi gebracht. Sie haben mir sogar empfohlen, keinen Kontakt zu meiner Familie aufzunehmen. Ich habe es jedoch zum Glück geschafft, meinen Bruder zu erreichen, und die Polizei hat am 9. Januar meine Aussage zu Protokoll genommen. Der militärische Nachrichtendienst hat mir versichert, der Täter würde binnen achtundvierzig Stunden verhaftet.

Sie haben meinen Mann und mich in einem anderen Haus untergebracht und uns verboten, den Ort zu verlassen. Der Präsident hat im Fernsehen gesagt, mein Leben sei in Gefahr. Das Schlimmste war aber, dass der Großvater meines Mannes mich für *kari* erklärte. Er hat gesagt, ich sei eine Schande für die ganze Familie, mein Mann solle sich von mir scheiden lassen und mich verstoßen. Ich dachte, man würde probieren, mich umzubringen, deswegen habe ich einen Selbstmordversuch unternommen, aber mein Mann und mein Sohn haben mich daran gehindert. Später haben mir die Behörden dringend empfohlen, eine Erklärung zu unterschreiben, die besagt hat, dass ich vom Staat Hilfe bekommen hätte und in dieser Affäre nicht weiter agieren wolle. Sie haben mir gedroht, wenn ich nicht unterschreibe, würden mein Mann und ich wahrscheinlich ermordet. Darüber hinaus sollte ich lieber das Land verlassen und von der PPL keine Entschädigung fordern, andernfalls hätte ich mit ernsten Schwierigkeiten zu rechnen. Sie haben mir ebenfalls nahegelegt, keinen Kontakt zu Hilfs- oder Menschenrechtsorganisationen aufzunehmen.«

Dieser Fall hatte in Belutschistan, einer Provinz, in der die Arbeiter oft ihren Unmut gegenüber der Erdgasförderung auf ihrem Grund und Boden zum Ausdruck bringen, für sehr viel Unruhe gesorgt.

Als das Gerücht umging, der Vergewaltiger von Frau Shazia habe der Armee angehört, wurde eine militärische Einheit in der Gegend überfallen. Es sollen dabei um die fünfzehn Männer umgekommen und zahlreiche Gaspipelines beschädigt worden sein.

Zurzeit lebt Frau Doktor Shazia irgendwo in England im Exil, innerhalb einer extrem strengen pakistanischen Gemeinde, in der sie sich nicht wohlfühlt. Ihr Mann unterstützt sie, aber den größten Schmerz bereitet es den beiden, dass sie ihren Sohn in Pakistan zurücklassen mussten und er sie nicht begleiten durfte. Somit haben sie nicht nur ihr Land, sondern auch noch ihren Lebensinhalt verloren. Ihre einzige Hoffnung ist nun, nach Kanada auswandern zu dürfen, wo sie Familie haben.

Wann immer Naseem auf diesen Fall zu sprechen kommt, findet sie sehr klare und deutliche Worte.

»Egal, welchen sozialen Status eine Frau hat, egal, ob sie gebildet oder ungebildet, reich oder arm ist – sobald sie ein

113

Opfer von Gewalt war, wird sie auch noch ein Opfer der Einschüchterung sein. Bei dir hat der Polizist einfach gesagt: ›Drück deinen Daumen hierhin, wir werden das Nötige hinschreiben!‹ Bei ihr hieß es: ›Unterschreiben Sie hier, sonst werden Sie sterben!‹«

Wieder einmal gestikuliert sie wild und wirft die Arme vor Ärger und Verzweiflung in die Luft, bevor sie in ihrer Erzählung fortfährt.

»Sei es ein Bauer oder ein Soldat, ein Mann vergewaltigt, wie und wann er will. Er weiß, dass er in den meisten Fällen davonkommen wird, weil er von dem gesamten politischen, religiösen, militärischen oder Stammessystem beschützt wird. Es ist noch ein weiter Weg, bis wir Frauen die uns zustehenden Rechte auch tatsächlich bekommen und einfordern dürfen.«

»Ja, aber wir dürfen nicht aufgeben. Auch wenn der Weg hart und steinig ist«, sage ich entschlossen.

»Du hast recht«, erwidert sie. »Aber noch werden wir Frauenrechtlerinnen von der Gesellschaft unseres Landes verachtet, man hält uns schlimmstenfalls für gefährliche Revoluzzerinnen und bestenfalls für lästige Störfaktoren der männlichen Ordnung. Dir hat man doch auch vorgeworfen, dass du dich an die NGOs gewendet hast, und in gewissen Medien wird sogar behauptet, dass du von den Journalisten und den NGOs manipuliert wirst. Als wärst du nicht intelligent genug, um zu verstehen, dass die einzige Möglichkeit, Gerechtigkeit zu erlangen, darin besteht, sie lauthals einzufordern.«

Ich bin tatsächlich eine Aktivistin geworden. Eine Ikone, ein Symbol für den Kampf der Frauen meines Landes. Ich habe gehört, dass die Schauspielakademie in Lahore ein Theaterstück inszeniert hat, dessen Inspiration meine traurige Geschichte war. Das Stück heißt *Mera Kya Kasur?* – Ist es meine Schuld?

Die Handlung wurde allerdings nicht eins zu eins übernommen, denn die Geschichte beginnt damit, dass die Tochter eines Lehnsherren sich in den Sohn eines Bauern verliebt. Die beiden werden erwischt, wie sie Händchen halten, und die Mitglieder der *jirga*, deren Schiedsspruch die Ehre des Lehnsherren wiederherstellen soll, entscheiden schließlich, dass die Schwester des jungen Bauern dem Sohn des Lehnsherren gegeben werden muss. Die junge Bäuerin sowie ihre Mutter begehen angesichts der furchtbaren Nachricht Selbstmord. Der junge Mann wird daraufhin verrückt und nimmt sich ebenfalls das Leben.

Bevor sie auf der Bühne stirbt, fragt sich die junge Schauspielerin, die »meine« Rolle spielt – die Rolle einer Frau, über die man verfügt –, ob es in ihrem Land eine Sünde sei, als armes Mädchen auf die Welt zu kommen.

Und sie schreit: »Wird die Verhaftung der Verantwortlichen mir meine Ehre zurückgeben? Wie viele Frauen gibt es, die dasselbe Schicksal wie ich erleiden müssen? Nicht der Selbstmord, sondern das Verlangen nach Gerechtigkeit hat mir meine Ehre zurückgegeben. Denn man darf sich nicht wegen der Verbrechen anderer schuldig fühlen.«

Leider haben viel zu wenige Frauen die Möglichkeit, die Medien und Menschenrechtsorganisationen über all die schrecklichen Dinge zu informieren, die ihnen tagtäglich widerfahren.

Im Oktober 2004 haben sich anlässlich einer großen Demonstration Hunderte von Aktivisten und Vertretern der zivilen Gesellschaft versammelt, um eine bessere Gesetzgebung bezüglich der Ehrenverbrechen zu verlangen.

Mein Anwalt hat mit anderen prominenten Persönlichkeiten daran teilgenommen. Seit Langem verspricht die Regierung, die Ehrenverbrechen zu verbieten, aber bis jetzt hat niemand etwas unternommen. Dabei würde es durchaus genügen, die wenigen Gesetze zu verändern, die es den Kriminellen ermöglichen, mit den Familien der Opfer zu verhandeln und sich somit der strafrechtlichen Maßnahmen zu entziehen. Die pakistanische Regierung bräuchte lediglich die Prozesse der unzähligen Dorfräte für rechtswidrig zu erklären.

Angeblich arbeiten manche Provinzregierungen an einem Gesetzentwurf, um gegen dieses private Rechtssystem vorgehen zu können.

Jedoch nutzen die meisten Mitglieder der einzelnen *jirgas* weiterhin ihre Macht aus, und Tausende von Frauen sind in diesem Stammessystem nach wie vor Opfer von Vergewaltigung oder Mord.

Die Mühlen der Gesetzgebung arbeiten nun mal langsam, auch wenn ich das nicht nachvollziehen kann.

Genauso wenig wie ich die Tatsache verstehen kann, dass das Berufungsverfahren in meinem Fall noch immer auf sich warten lässt.

Ich kann mir nicht erklären, wieso inzwischen ganze zwei Jahre verstrichen sind, seitdem die ersten Todesstrafen verhängt wurden, ohne dass irgendetwas geschieht.

Wenn die Gesetze sich nicht geändert haben, wenn der Gerichtshof in Islamabad die Strafen nicht bestätigt, wenn die sechs Verurteilten, die bereits freigelassen wurden, diesmal nicht bestraft werden, wie ich es in meinem Antrag auf ein Berufungsverfahren verlangt habe, dann frage ich mich, warum man nicht gleich alle Beteiligten befreit und mich in meinem Dorf den Mastoi überlässt.

Ich wage nicht, daran auch nur zu denken.

Naseem dagegen ist deutlich zuversichtlicher als ich. Sie steht hundertprozentig hinter mir, und ich weiß, dass sie ein ebenso großes Risiko eingeht wie ich. Trotzdem ist sie unglaublich optimistisch und glaubt fest an meine Widerstandskraft. Sie weiß, dass ich bis zum bitteren Ende gehen werde, dass mir mein Fatalismus, der mir als Schutzschild dient, hilft, die Drohungen zu verkraften.

Diese Hartnäckigkeit mag Außenstehenden womöglich gelassen erscheinen, doch sie hat von Anfang an in mir gebrodelt.

Ich denke – und sage es inzwischen auch oft –, wenn die menschliche Justiz diejenigen, die mir all das angetan haben, nicht bestraft, so wird gewiss Gott früher oder später dafür sorgen.

Dennoch wünsche ich mir nichts sehnlicher, als dass mir offiziell Gerechtigkeit widerfährt.

Wenn es sein muss, vor der ganzen Welt.

6

Schande

Am 1. März 2005 muss ich wieder vor Gericht erscheinen. Diesmal vor dem Berufungsgericht von Multan.

Zu meiner grenzenlosen Erleichterung bin ich nicht allein: Die NGOs, die nationale und die internationale Presse warten gespannt auf den Urteilsspruch der Richter.

Vor den zahlreichen Mikrofonen, die sich mir entgegenstrecken, habe ich erklärt, dass ich zwar nur auf Gerechtigkeit hoffe, aber dass ich dennoch unparteiische Gerechtigkeit wolle.

Der Klan der Mastoi leugnet nach wie vor alles. Und wir alle wissen, mit welcher Regelmäßigkeit in diesem Land Vergewaltiger freigesprochen werden.

Das erste Urteil war bis auf den Freispruch von sechs Klanmännern, auf deren Verurteilung ich weiterhin beharre, ein Sieg für mich.

Ich bin furchtbar nervös und würde am liebsten hektisch im Gerichtssaal auf und ab gehen, doch ich setze mich brav hin und höre zu, wie der Richter einen endlos langen Text auf Englisch vorliest, von dem ich natürlich kein einziges Wort verstehe.

Laut deinem Urteil vom 31. August 2002, das im Anti-Terror-Gericht von Dera Ghazi Khan verkündet wurde, hat man die sechs unten erwähnten Beklagten für schuldig befunden und zu folgenden Strafen verurteilt (…)

Sechs Männer wurden zum Tode verurteilt.

Die anderen acht Beschuldigten wurden in allen Anklage-punkten freigesprochen ...

Naseem und ich flüstern die ganze Zeit. Und während die unverständlichen Worte mit ihrem eigenen Rhythmus an mir vorbeiziehen, setzt sich langsam, aber sicher eine will-kürliche Justiz in Gang.

Und so vergehen zwei Verhandlungstage, während deren mein Anwalt immer mal wieder das Wort ergreift und ich hin und wieder vor lauter Erschöpfung einnicke. Oft habe ich das Gefühl, dass der gesamte Prozess in diesem riesigen, hallenden Saal irgendwie ohne mich stattfindet.

Wenn ich doch nur verstehen könnte, was geredet wird. Doch leider muss ich jedes Mal bis zum Abend warten, bis mein Anwalt mir die Argumentation der Verteidigung in meine Sprache übersetzt. Und so erfahre ich, dass »meine Aussage voller Widersprüche ist und es nicht ausreichend Beweise gibt, um eine Massenvergewaltigung zweifelsfrei festzustellen«.

Und das, obwohl mindestens die Hälfte der Bewohner von Meerwala die Tat bezeugen könnte!

Sie werfen mir vor, dass ich nicht unmittelbar nach der vermeintlichen Straftat Anzeige erstattet habe, zumal ihrer Meinung nach kein ersichtlicher Grund für diese Verzögerung erkennbar sei.

Man muss schon eine Frau sein, um nachvollziehen zu können, wie sehr eine von vier Männern vergewaltigte Frau physisch und psychisch zerrüttet ist. Den mit meinem Fall befassten Männern erscheint offenbar ein automatischer Selbstmord logischer.

Außerdem bemängeln sie die Art und Weise, wie der Polizist auf dem Revier meine Aussage aufgenommen hat, angeblich sei sie zweifelhaft. Denn die Darstellung des Sachverhalts soll der vom Generalstaatsanwalt vorgetragenen Version widersprechen.

Selbstverständlich kann meine Darstellung der Fakten mit der des Polizisten nicht übereinstimmen, denn ich weiß gar nicht, was er alles aufgeschrieben hat.

Als die Ungereimtheiten zur Sprache kommen, streitet die Verteidigung sofort alles ab, um zu zeigen, dass die Schuld der Angeklagten keinesfalls bewiesen ist. Es wird behauptet, die ganze »Geschichte« sei von einem Journalisten auf der Suche nach aufsehenerregenden Schlagzeilen erfunden worden.

Die Presse habe sich des Falls angenommen und ihn weltweit verbreitet, obwohl der angebliche Tatbestand gar nicht stattgefunden habe!

Es wird darauf hingewiesen, dass ich mehrfach Gelder aus dem Ausland erhalten habe und darüber hinaus auch noch über ein Bankkonto verfüge.

Ich kenne all diese Vorwürfe, vor allem die letzteren. Mein Wunsch, mit diesem Geld eine Schule zu gründen, Mädchen und Jungen eine Ausbildung zu ermöglichen, ist meinen Gegnern egal.

Man hat mir Berichte übersetzt, die in der nationalen Presse erschienen sind und beweisen sollen, dass die pakistanische Frau nur ein einziges Recht hat, und zwar, ihrem Mann zu dienen, und dass sie die einzige Ausbildung, die sie dafür benötigt, von ihrer Mutter erhalten soll. Darüber hinaus braucht sie, abgesehen von den heiligen Texten, nichts zu lernen. Es reicht völlig, wenn sie das Schweigen der Unterwürfigen beherrscht.

Im Verlauf dieses Verfahrens soll heimtückisch deutlich gemacht werden, dass ich schuldig bin, dieses Schweigen nicht respektiert zu haben.

Vor den Journalisten habe ich oft beteuert und wiederholt, dass ich mit der Kraft meines Glaubens, meiner Ehrfurcht vor dem Koran und der *sunna* kämpfe.

Diese Form der Stammesjustiz, die darin besteht, Leute zu terrorisieren und zu vergewaltigen, um sich die Herrschaft über ein Dorf zu sichern, hat mit dem Koran nicht das Geringste zu tun.

Leider wird mein Land nach wie vor von diesen barbarischen Traditionen regiert, die der Staat aus den Köpfen der Menschen nicht vertreiben kann. Je nach Überzeugung schwanken die Richter zwischen der offiziellen Gesetzgebung der Islamischen Republik einerseits, die eine glaubwürdige Gleichstellung zwischen Bürgern, zwischen Männern und Frauen zu langsam durchsetzt, und den *hudūd*-Gesetzen andererseits, die hauptsächlich die Frauen benachteiligen.

Am 3. März wird das Urteil endlich gefällt, und zwar gegen die erste Entscheidung des Anti-Terror-Tribunals. Zur Verwunderung aller spricht das Gericht von Lahore fünf der Angeklagten frei und ordnet ihre sofortige Entlassung an. Nur einer von ihnen bleibt lebenslänglich in Haft. Die Entscheidung ist ein schrecklicher Schock für mich!

Noch während der Richter das Urteil verliest, bricht tosende Wut im Gerichtssaal aus, und die Menge weigert sich, den Raum zu verlassen. Ich sitze die ganze Zeit nur reglos da und komme mir vor wie im falschen Film. Ich realisiere nicht, was ich da gerade gehört habe. Naseem hat mich umarmt und drückt mich ganz fest, Schweißperlen auf der Stirn.

Die Journalisten werden auf ihren Bänken unruhig, und Kommentare sind von allen Seiten zu hören.

»Was für eine dramatische Entscheidung für das Land …«

»… eine Schande für alle Frauen …«

»… wieder einmal wird das Zivilgesetz verhöhnt …«

Ich bin völlig niedergeschlagen. Zitternd stehe ich schließlich vor den Journalisten und bekomme kein Wort heraus, als sie mich mit ihren Fragen bestürmen.

Was soll ich sagen? Was soll ich tun?

Mein Anwalt wird in Berufung gehen, keine Frage, aber was soll in der Zwischenzeit geschehen?

Meine Peiniger werden nach Hause zurückkehren, auf ihr Anwesen, das gerade mal hundert Meter von meinem Haus und meiner Schule entfernt liegt.

Ich wollte Gerechtigkeit, ich wollte, dass sie gehängt werden, ich fürchte mich nicht, es zuzugeben. Oder zumindest habe ich darauf gehofft, dass sie den Rest ihres Lebens im Gefängnis verbringen würden. Ich habe nicht mehr nur für mich gekämpft, sondern auch für all die Frauen, die von der Justiz meines Landes verhöhnt und alleingelassen werden. Einer Justiz, die auf die Anwesenheit von vier Augenzeugen beharrt, damit eine Vergewaltigung als bewiesen gilt! Als wären Vergewaltiger immer vor aller Augen tätig!

Sämtliche mich betreffenden Zeugenaussagen werden zurückgewiesen, obwohl das ganze Dorf Bescheid weiß. Den Mastoi wird ihre angeblich verlorene Ehre zurückgegeben! Indem dieses Tribunal sich hinter Argumenten versteckt, die eins zu eins denen der Verteidigung entsprechen, macht es aus mir die Angeklagte: Die Ermittlung wurde schlecht durchgeführt, die Vergewaltigung ist nicht bewiesen.

Geh nach Hause, Mukhtar Mai, du hättest besser schweigen sollen, der mächtige Stamm der Mastoi hat dich besiegt.

Es ist wie eine zweite Vergewaltigung für mich.

Meine Augen füllen sich vor Wut und Angst mit Tränen. Angesichts des Protestgeschreis der unzähligen Demonstranten und der Journalisten sieht sich der Richter wenige Stunden später gezwungen, öffentlich zu seinem Urteilsspruch Stellung zu nehmen.

»Ich habe ein Urteil verkündet, jedoch habe ich seine Vollstreckung noch nicht veranlasst. Die Tatverdächtigen sind noch nicht frei«, sagt er in die Mikrofone.

Das Urteil wurde am Abend des 3. März 2005 gefällt, und der darauffolgende Freitag ist ein Feiertag. Bevor der Richter dazu kommt, das Urteil abtippen und per Post eine Kopie an die Präfekten und verschiedenen Gefängnisdirektoren schicken zu lassen, verbleiben uns ein paar Tage, um zu handeln.

Das erklärt mir zumindest Naseem, die sich wie die Aktivisten aller anwesenden Menschenrechtsorganisationen nicht geschlagen geben will.

Als der erste Schock vorüber ist, weigere auch ich mich, aufzugeben. Überall um uns herum bringen die Frauen dieselbe Wut und dieselbe Demütigung lauthals zum Ausdruck. Die NGOs und die Menschenrechtsorganisationen handeln augenblicklich, die gesamte Provinz ist in Aufruhr.

Am 5. März gebe ich eine erschöpfende Pressekonferenz.

Ja, wir werden Berufung einlegen. Nein, ich werde nicht ins Exil gehen. Ich will weiterhin bei mir zu Hause, in meinem Dorf wohnen. Meine Heimat ist hier in Pakistan. Dieses Land ist mein Land – ich werde mich an Präsident Musharraf persönlich wenden, wenn es sein muss!

Am nächsten Tag bin ich wieder zu Hause und am 7. März komme ich in Multan an, um an einer groß angelegten Demonstration gegen dieses skandalöse Urteil teilzunehmen.

Unter der Federführung verschiedener Frauenrechtsorganisationen beteiligen sich etwa dreitausend Menschen daran. Ich laufe in einem Meer von Plakaten, die in meinem Namen Recht sowie die Abschaffung der besagten *hudūd*-Gesetze fordern. Stillschweigend gehe ich inmitten dieser entfesselten Menge und bin die ganze Zeit über von diesem demütigenden Satz besessen: »Sie werden freigelassen, sie werden freigelassen ... Aber wann?«

Währenddessen nutzen die Organisatoren der Demonstration die Anwesenheit der Presse, um lautstark zu protestieren.

Der Vorsitzende der Menschenrechtsorganisation erklärt: »Die Regierung hat ihre Theorie über die Frauenrechte noch nicht in die Praxis umgesetzt. Dass ein Gericht Frau Doktor Shazia verurteilt hat, indem es die Frau ins Exil gezwungen hat, und bei Mukhtar Mai ebenfalls, indem sie ihre Angreifer freigelassen hat, zeigt uns, dass wir noch einen langen Weg zurücklegen müssen, bis in diesem Land endlich Gerechtigkeit herrscht.«

Die Gründerinnen der AGHS – eines Vereins, der seit 1980 existiert und für die Menschenrechte sowie die demokratische Entwicklung des Landes kämpft – sind immer an Ort und Stelle und halten Kontakt zu den Frauen mit den schlimmsten Schicksalen.

Die Vertreterin der AGHS ist noch verbitterter, als sie ans Mikrofon tritt und zu den Versammelten spricht: »Wenn sich die Lage der Frauen etwas verbessert hat, so ist das nicht dank der offiziellen Regierung geschehen. Hauptsächlich sind diese Fortschritte der Zivilgesellschaft und den Frauenrechtsorganisationen zu verdanken. Viele Menschen haben ihr Leben riskiert, um ihre Ziele zu erreichen! Seit Jahren werden wir immer wieder ernsthaft bedroht und regelmäßig unterdrückt. Die derzeitige Regierung nutzt die neu geschaffenen Frauenrechte aus, um der internationalen Gemeinschaft ein fortschrittliches und liberales Bild unseres Landes zu präsentieren. Doch das ist reine Illusion! Die Vergewaltigung von Frau Doktor Shazia sowie der Ausgang von Mukhtar Mais Prozess zeugen von dem fehlenden Willen der pakistanischen Regierung, der Gewalt gegen Frauen definitiv ein Ende zu setzen. Der Präsident beschützt die Angeklagten und beeinflusst die Ermittlungen. Der Staat hat seine Glaubwürdigkeit eingebüßt.«

Der Direktor des Aurat-Vereins, der auf die Ausbildung von unterdrückten Frauen spezialisiert ist und zudem juristischen Beistand vermittelt, erklärt seinerseits: »Die Lage der Frauen hat sich drastisch verschlechtert und wird sich auch weiterhin verschlimmern. Die Regierung beteuert immer wieder, dass die Frauenvertretung im Parlament 33 Prozent beträgt, aber diese Tatsache ist nur dem Druck der Zivilgesellschaft zu verdanken. Mukhtar Mais Prozess ist der zwingende Beweis dafür, dass nichts unternommen wurde, um die Gewalt gegen Frauen zu unterbinden, und Frau Doktor Shazias Vergewaltigung ist ein weiteres entmutigendes Beispiel für die Entehrung unseres Landes vor den Augen der Welt. Es ist ein Verstoß gegen die Menschenrechte. Mukhtar Mais Prozess ist im Grunde eine Ermutigung für alle Vergewaltiger. Die jüngste Ablehnung eines Gesetzentwurfes zum Verbot der Ehrenverbrechen in diesem Land bedeutet, dass wir noch lange solche Protestmärsche wie den heutigen veranstalten müssen, um irgendwann hoffentlich soziale Gerechtigkeit zu erreichen.«

Kamila Hayat von der Human Rights Commission of Pakistan (HRCP) sagt den Journalisten:

»Auch wenn die Gewalt nicht weniger geworden ist, bemühen sich heute die Frauen, ihre Rechte in Fällen von häuslicher Gewalt zu verstehen. Es gibt immer mehr solcher grausamen Vorkommnisse, die das Ergebnis von Armut, mangelhafter Ausbildung sowie zahlreicher anderer negativer Gesellschaftsfaktoren sind, zum Beispiel der Stammesurteile und der seit einigen Jahren geltenden antifeministischen Gesetze. Diese beiden Kämpferinnen haben gezeigt, dass es auch heutzutage für eine Frau in Pakistan sehr schwierig ist, sich Recht zu verschaffen, ob sie nun gebildet ist oder nicht.«

Die gesamte Presse, die Radio- sowie die Fernsehsender stürzen sich auf diesen Skandal und berichten Tag und Nacht über den empörenden Richterspruch.

Bald schon kommen zahlreiche Fragen auf, die niemand auf Anhieb klären kann: Wer hat da seinen Einfluss spielen lassen? Wie kann ein Richter eine vom Anti-Terror-Gericht erwirkte Verurteilung wegen organisierter Massenvergewaltigung gänzlich aufheben? Nach welchen Kriterien?

Ich habe ebenfalls keine Antwort darauf. Das ist die Aufgabe meines Anwalts.

Am selben Abend treffe ich wieder in Meerwala ein, denn wir haben erfahren, dass die Kanadierin Margaret Huber, von der bereits die Rede war, mich am nächsten Tag besuchen möchte. Alle ausländischen Botschaften wissen über meinen Fall Bescheid.

Als die Hochkommissarin gegen Mittag ankommt, bemühe ich mich, sie gebührend zu empfangen.

Den Journalisten, die sie begleiten, erklärt sie: »Über die kanadische Agentur für internationale Entwicklungshilfe wird Kanada die Kosten für die Erweiterung der Schule für die bereits eingeschriebenen Schülerinnen übernehmen, ebenso wie für diejenigen, die auf der Warteliste stehen. Mein Land hat sich zu dieser Spende entschieden, um das außerordentliche Engagement der Aktivistin Mukhtar Mai für den Kampf um die Gleichstellung von Männern und Frauen und für die Frauenrechte in Pakistan und anderen Ländern zu begrüßen. Die Gewalt gegen Frauen bleibt eine der schlimmsten Geißeln in der Welt. Die Gewalt, deren Opfer Mukhtar Mai war, hätte viele andere Menschen gebrochen. Doch diese mutige Frau hat sich geweigert zu schweigen, sie hat ihr Schmerzensgeld in den Bau einer Schule in ihrem Heimatort investiert. Sie will tagtäglich dafür sorgen, dass die jungen Mädchen ihres Dorfes nicht eines Tages das gleiche Schicksal erleiden müssen wie sie. Diese Frau verkörpert den wahren Geist des internationalen Frauentages!«

Margaret Huber bleibt ganze vier Stunden bei uns. Ihre Anwesenheit gibt mir Mut, aber es ist dennoch ein belastender Tag für mich, denn ich bin ständig am Telefon und warte auf Nachrichten von meinem Anwalt, der alles Erdenkliche unternimmt, um sich eine Kopie des Urteils zu verschaffen.

Schließlich bringt er in Erfahrung, dass meine Peiniger eigentlich am 14. März aus dem Gefängnis kommen sollten – eigentlich, denn die militanten Aktivisten der NGOs und die Medien stehen seit Tagen vor den Gefängnistoren, und die Polizei kann den Mastoi angesichts der rasenden Meute keinen ausreichenden Schutz gewährleisten.

Die Freilassung der Männer droht einen Aufstand zu provozieren, auf den die Regierung gerne verzichten würde. Aber da man mir bereits vorwirft, von den NGOs und den Medien Hilfe zu bekommen, werde ich es nicht dabei belassen.

Ganz im Gegenteil.

Es trifft sich, dass mein Kampf seit Jahren auch der ihre ist. Niemand wird mich zum Schweigen zwingen. Wenn ich mich weinend und in Selbstmitleid zu Hause verkriechen würde, könnte ich nicht mehr in den Spiegel schauen.

Ich trage Verantwortung: für die Sicherheit meiner Angehörigen, für mein Leben und meine Schule, die inzwischen über zweihundert Schülerinnen beherbergt.

Gott weiß, dass ich immer die Wahrheit gesagt habe. Meinen Mut zu handeln schöpfe ich aus ebendieser Wahrheit, und ich will, dass sie endlich aus dem abscheulichen Nest herauskommt, in dem sich die Männer samt ihrer Scheinheiligkeit verstecken.

Und so mache ich mich mit Naseem zu einer einwöchigen Reise auf, von der wir erschöpft zurückkommen werden.

Am 9. März packen wir unsere Sachen, um am Tag darauf nach Muzaffargarh, der Hauptstadt des Kantons, zu fahren, wo eine weitere Demonstration gegen die Frauengewalt stattfinden soll. Ungefähr tausendfünfhundert Menschen nehmen daran teil. Die Präsidentin der Menschenrechtsorganisation in Pakistan erscheint höchstpersönlich auf der Veranstaltung und spricht mit den Journalisten.

Auf mehreren Riesenplakaten steht: »Habe Mut, Mukhtar Mai, wir halten zu dir!«

Wir werden bei jedem unserer Ausflüge von der Polizei begleitet, wobei ich mich frage, ob die Männer dazu da sind, mich zu beschützen oder zu überwachen. Ich kann kaum noch aufrecht stehen, seit der Verkündung des Urteils lässt mich ein seltsames Fieber frösteln, und ich bin kaum zur Ruhe gekommen.

Einige Demonstranten sind sogar bis nach Meerwala, bis vor meine Haustür, gereist. Der gesamte Weg, der an meinem Haus vorbeiführt, ist versperrt, und der Hof voller Menschen.

Die Organisatoren dieser Versammlung teilen mir mit, dass ein weiterer Protestmarsch gegen die *hudūd*-Gesetze am 16. März in Muzaffargarh stattfinden wird. Allerdings weiß ich nicht, wo ich an jenem Tag sein werde. Die Mastoi werden dann hier sein, zu Hause und frei, aber ich nicht!

Naseem und ich müssen uns erneut auf den Weg nach Multan zum Büro meines Anwalts machen, um die Kopie des Urteils abzuholen, die er endlich bekommen hat. Wieder drei Stunden Fahrt, dabei fühle ich mich doch schon so schlecht ... Mein Kopf ist schwer wie ein Stein, meine Beine tragen mich nicht mehr, mein ganzer Körper ist es leid, diesen unendlichen Kampf auszufechten.

Naseem muss den Fahrer unterwegs anhalten lassen, um ein Medikament zu besorgen, das mir vorübergehend Linderung verschafft.

Kaum betrete ich das Büro meines Anwalts, klingelt auch schon mein Handy.

Es ist mein Bruder Shakkur, hysterisch schreit er: »Kommt schnell nach Hause zurück, die Polizei hat uns befohlen, hier zu bleiben und uns nicht zu rühren! Die Mastoi sind vor einer Stunde aus dem Gefängnis entlassen worden! Sie werden bald hier sein! Das ganze Dorf ist voller Polizisten! Mukhtar, du musst zurückkommen! Schnell!«

Diesmal habe ich das Gefühl, das Spiel verloren zu haben. Ich hatte gehofft, die Justizbehörden würden etwas unternehmen und mein Anwalt hätte genügend Zeit, Berufung einzulegen. Ich hatte gehofft, irgendetwas würde geschehen und sie müssten zumindest wegen des von den Medien, den

NGOs und den Politikern ausgeübten Drucks im Gefängnis bleiben.

Ich hatte mir wohl das Unmögliche erhofft.

Während ich am späten Abend nach Meerwala zurückkehre, spüre oder besser gesagt ahne ich, dass wir nicht weit von dem Streifenwagen entfernt sind, der meine Peiniger nach Hause, in die Freiheit bringt. Sie müssen unmittelbar vor uns sein, und plötzlich halte ich es fast nicht mehr aus. Eingehend untersuche ich die Rücklichter der Autos vor uns und zittere vor Wut bei dem Gedanken, dass diese Unmenschen uns vermutlich vorausfahren!

Bei unserer Ankunft ist es elf Uhr abends. Das Haus meiner Familie ist von ungefähr zehn Polizeifahrzeugen umstellt. Und uns gegenüber, in der dunklen Nacht, erkenne ich um das Anwesen der Mastoi denselben regen Betrieb.

Sie sind da!

Die Polizei will offenbar sichergehen, dass die fünf Männer nicht entkommen, da das Berufungsverfahren noch läuft. Sie will vor allem jeglichen Aufruhr verhindern und die Journalisten sowie die wütenden Demonstranten aufhalten. Die Ein- und Ausfallstraße Meerwalas, zum Glück gibt es nur eine einzige, wird überwacht.

Naseem versucht, mich zu beruhigen. Wie schon so oft in den letzten Tagen nimmt sie mich in den Arm und drückt mich fest, als wolle sie mir Kraft geben. »Sie können ihr Haus momentan nicht verlassen. Zieh dich schnell um, wir müssen weiterfahren!«

In aller Eile haben wir gemeinsam mit meinem Anwalt den verrückten Entschluss gefasst, die Straße nach Multan zu nehmen.

Mein Rechtsvertreter hat uns eindringlich geraten, uns an Präsident Musharraf direkt zu wenden und um Schutz für mich und meine Familie zu bitten.

Aber ich verlange mehr. Viel mehr. Ich will, dass sie alle ins Gefängnis zurückkehren, dass der Bundesgerichtshof den

129

Fall wieder aufnimmt – ich will Gerechtigkeit, auch wenn ich sie mit meinem Leben bezahlen muss.

Mit einem Mal habe ich vor nichts mehr Angst. Die Wut ist offenbar eine gute Waffe, und ich bin sehr wütend auf dieses System, das mich dazu zwingen will, in meinem eigenen Dorf, nur wenige hundert Meter von meinen unbestraften Vergewaltigern entfernt, in Angst und Schrecken zu leben.

Längst vorbei ist die Zeit, in der ich resigniert diesen Weg entlanglief, um wegen der »Ehre« dieser Leute im Namen meiner Familie um Verzeihung zu bitten. Sie sind es, die mein Land entehren.

Nach drei Stunden Autofahrt haben wir Multan erreicht, wo wir den Bus nach Islamabad nehmen, mit dem wir neun Stunden unterwegs sein werden. Am Morgen des 17. März kommen wir, gefolgt von zahlreichen Aktivisten und Journalisten aus aller Herren Länder, in der Hauptstadt an.

Ich bitte um eine Audienz beim Innenminister, damit er mir zwei Anliegen offiziell bewilligt. Erstens, dass meine Sicherheit gewährleistet wird, und zweitens, dass es den Mastoi verboten wird, ihr Domizil zu verlassen – zumindest solange mein Antrag auf Berufung läuft.

Sollte es ihnen gelingen, das Land zu verlassen, werde ich niemals recht bekommen, und ich weiß ganz genau, wozu diese Unmenschen fähig sind. Sie könnten zum Beispiel die Mitglieder ihres Klans versammeln und in ein anderes Stammesgebiet fliehen, in dem sie niemand mehr zu identifizieren vermag. Oder sie könnten die Dienste eines Vetters kaufen, damit er mich tötet.

Ich stelle mir alle möglichen Arten der Vergeltung vor – Feuer, Säure, Entführung. Vor meinem geistigen Auge sehe ich bereits mein Haus in Flammen aufgehen oder noch schlimmer meine Schule.

Dennoch bleibe ich gefasst, als der Minister uns endlich empfängt. Ich fühle mich unendlich erschöpft und unerschütterlich zugleich.

Der Mann versucht als Erstes, mich zu beruhigen. »Wir haben bereits den Grenzschutz alarmiert, die Mastoi können das Land nicht verlassen. Sie müssen verstehen, dass man sich über ein Urteil des Gerichtshofes von Lahore nicht einfach so hinwegsetzen kann.«

»Aber Sie müssen etwas unternehmen. Mein Leben ist in Gefahr!«, rufe ich aufgebracht, und meine Stimme überschlägt sich fast.

»Keine Sorge«, erwidert er. »Es gibt da ein Spezialverfahren. Als Innenminister kann ich einen neuen Haftbefehl gegen diese Männer erlassen, indem ich erkläre, dass sie eine Gefahr für die öffentliche Ordnung darstellen. Es ist die einzige Möglichkeit, um sie ins Gefängnis zurückzuholen. Jedoch darf ich von diesem Recht erst von dem Tag oder genauer von der Stunde an Gebrauch machen, in der sie freigelassen wurden. Ab diesem Zeitpunkt bleiben dem Staat zweiundsiebzig Stunden, um zu handeln. So lautet die Vorschrift.«

Zweiundsiebzig Stunden, das sind drei Tage, überlege ich blitzschnell und reibe meine trotz der Hitze eiskalten Hände an meinem Tuch ab. Die Mastoi sind am Abend des 15. in Meerwala angekommen, und jetzt haben wir den Morgen des 18. März. Wie viele Stunden verbleiben uns da noch?, überschlage ich rasch im Kopf. »Herr Minister«, sage ich dann deutlich gefasster als vorher. »Ich kenne weder die Gesetze noch die Vorschriften, aber beide sind ohnehin kaum von Belang, denn die Mastoi sind frei. Und das bedeutet, ich bin in großer Gefahr. Sie müssen etwas tun!«

»Ich kümmere mich darum!«, verspricht er mir. »Der Präsident weiß schon Bescheid, er wird Sie morgen empfangen.«

Damit entlässt er uns, und wir verlassen wie gelähmt das Ministerium. Immerhin hat er uns angehört und versprochen, etwas zu tun. Das ist besser als nichts. Wohl fühle ich mich trotzdem nicht.

* * *

Wieder habe ich nur zwei oder drei Stunden geschlafen, und wir sind jetzt schon seit drei Nächten unterwegs. Außerdem habe ich« eine Pressekonferenz gegeben, nachdem ich das Büro des Innenministers verlassen habe.

Naseem und ich machen keinen Unterschied mehr zwischen Tag und Nacht, und wir wissen auch nicht mehr, wann wir das letzte Mal etwas gegessen haben.

Am nächsten Morgen um elf Uhr stehen wir im Büro des Staatspräsidenten. Mehr als zehn Mal haben wir gemeinsam nachgerechnet, und wenn unsere Überlegungen stimmen, dann sind die zweiundsiebzig Stunden seit zehn Uhr vorbei.

Präsident Musharraf will uns ebenfalls erst einmal beruhigen. »Alles Notwendige wurde veranlasst. Ich bin mir sicher, dass die Männer vor Ablauf der zweiundsiebzig Stunden verhaftet worden sind. Vertrauen Sie mir!«

»Nein«, erwidere ich unruhig. »Ich verlange eine genaue Antwort Ihrerseits. Entweder habe ich die Gewissheit, dass die Mastoi im Gefängnis sind, oder ich setze keinen Fuß vor Ihr Büro.«

Mit demselben dezidierten Ton übersetzt Naseem meine Worte für das pakistanische Staatsoberhaupt auf Urdu.

Wer hätte das gedacht, dass ich jemals in diesem Ton mit dem Präsidenten meines Landes reden würde? Ich, Mukhtaran Bibi aus Meerwala, eine gehorsame und schweigsame Bäuerin, die durch ein grausames Erlebnis zu Mai wurde, der verehrten großen Schwester, habe mich sehr verändert!

Und so sitze ich nun zwar respektvoll, aber auch wild entschlossen und bestimmt in einem sehr schönen Sessel gegenüber dem mächtigsten Mann Pakistans – und nur eine Armee könnte mich von hier wegbringen, bevor ich nicht die Gewissheit habe, dass diese Barbaren wieder hinter Gittern sind. Auch möchte ich genau wissen, seit wann sie wieder einsitzen. Ich will wirklich sicher sein, dass sie dort sind! Denn seit dem 3. März vertraue ich niemandem mehr.

Der Präsident hebt sein Telefon ab und ruft den Präfekten von Muzaffargarh an, fünfhundert Kilometer von der Hauptstadt entfernt. Ich höre aufmerksam zu, während Naseem simultan dolmetscht: »Er sagt, dass die Anweisung bereits ausgeführt worden ist. Die Polizei hat den neuen Haftbefehl bekommen, und ein Streifenwagen ist sofort nach Meerwala gefahren, um die Mastoi abzuholen. Um zehn Uhr haben sie ihnen an Ort und Stelle Handschellen angelegt, und der Präfekt wartet auf sie. Bald werden sie bei ihm eintreffen.«

»Ist das wirklich sicher?«, frage ich noch immer skeptisch. »Man hat sie aber noch nicht gesehen! Sie sind also nach wie vor unterwegs!«

»Er hat sein Wort gegeben, Muhktar. Die Mastoi sind auf dem Weg zum Gefängnis. Die vier Männer, die freigelassen worden waren, und auch die acht anderen, die noch nicht inhaftiert worden waren.«

Als ich das Büro des Präsidenten verlasse, will ich mich persönlich vergewissern und den Präfekten anrufen, aber er ist nicht mehr da. Man sagt mir, dass er in eine benachbarte Provinz gefahren sei, denn alle haben Dienst, weil der Ministerpräsident in der Region zu Besuch ist. Jedoch nicht meinetwegen …

Also versuche ich Shakkur zu erreichen, aber die Telefonleitungen funktionieren nicht. Es ist Monsunzeit und unmöglich, meinen Bruder an den Apparat zu bekommen. Schließlich erreiche ich meinen Cousin, der einen kleinen Laden besitzt. »Doch, doch!«, bestätigt er auf meine hektische Nachfrage. »Heute Nachmittag haben wir die Polizei gesehen, sie sind kurz nach dem Freitagsgebet eingetroffen, sie haben alle vier verhaftet und die anderen acht auch noch. Sie sind bereits weggefahren. Die toben vielleicht vor Wut! Das gesamte Dorf weiß Bescheid.«

Das hoffe ich sehr. Diesmal bin ich diejenige, die sie verhaften lässt.

* * *

Am 20. März sind wir wieder zu Hause, und die Drohungen fangen von Neuem an. Die Cousins der Mastoi erzählen überall, dass es unsere Schuld sei, dass die Polizei sie wieder verhaftet hat. Sie behaupten, dass sie ebenfalls etwas gegen uns unternehmen würden.

Jetzt haben sie es vor allem auf Naseem abgesehen:

Ihrer Meinung nach hätte ich ohne sie nichts unternehmen können.

Und das stimmt sogar. Wir sind Freundinnen, ich erzähle ihr alles, und sie tut es mit mir ebenso. Wir haben die ganze Sache gemeinsam durchgestanden, haben Angst, Wut und Freude geteilt. Schulter an Schulter haben wir geweint und Widerstand geleistet. Die Angst lauert nach wie vor, aber wir sind guten Mutes.

Am 16. März, während einer Pressekonferenz, haben mich Journalisten erneut gefragt, ob ich das Land nicht verlassen und in einem anderen Land Asyl beantragen wolle. Ich habe geantwortet, dass ich das keinesfalls vorhätte und dass ich nach wie vor hoffte, in meinem eigenen Land recht zu bekommen. Ich habe außerdem die Tatsache betont, dass meine Schule gut läuft und ich die Mädchen und Jungen nicht im Stich lassen wolle.

Diese letzte Behauptung war am 16. März noch gültig, am 20. ist es jedoch anders. Der Zorn der Mastoi, denen der Verlust ihres Anführers, ihrer Brüder, ihrer Freunde erneut droht, ist überall zu spüren. Aber die Polizei bildet einen Schutzwall um mich herum. Es ist manchmal lästig, weil ich in meiner Bewegungsfreiheit eingeschränkt werde, doch zumindest daran bin ich ja gewöhnt.

Am 11. Juni erfahre ich, dass es mir aus Sicherheitsgründen verboten wird, aus Pakistan auszureisen. Amnesty International in Kanada und in den USA haben mich eingeladen, doch als ich nach Islamabad fahre, um die Formalitäten zu klären, informiert man mich, dass ich kein

Visum bekomme, da mein Name auf der Ausreiseverbotsliste steht.

Kaum habe ich die Verwaltungsbüros verlassen, nimmt
man mir auch schon meinen Pass weg. Mein Anwalt hat
einige Zeit lang keinen Kontakt mehr zu mir. Er regt sich auf
und behauptet den Journalisten gegenüber, dass ich irgendwo in Islamabad als Geisel festgehalten würde und dass er als
mein Rechtsbeistand unbedingt mit mir reden müsse.

Die Behörden erklären ihm, dass ich aus Sicherheitsgründen unter polizeiliche Überwachung gestellt wurde. Jedoch
scheint es so, als wäre der Präsident persönlich der Meinung,
dass »wir dem Ausland kein schlechtes Bild von unserer Heimat liefern dürfen«. Dieses Ausreiseverbot versetzt die Men-
schenrechtler und die internationale Presse erneut in Aufruhr.

Während einer Debatte im Parlament hat eine Abgeord-
nete sogar behauptet, ich sei eine »westliche Frau« geworden
und solle »mehr Demut und Diskretion zeigen, nicht ins
Ausland reisen und auf die göttliche Justiz warten«. Manche
Politiker werfen den NGOs offen vor, die Gelegenheit aus-
zunutzen, um sich an internationale Lobbys zu wenden.
Kurz und gut, es läge in »meinem Interesse«, wie sie so schön
sagen, meine Geschichte nicht in der ganzen Welt zu verbreiten, sondern sie im eigenen Land zu klären.

Zu viele Leute in Pakistan und anderswo unterstützen
mich. Manche Extremisten möchten, dass man mich gewaltsam knebelt, denn ihrer Meinung nach respektiere ich
das Gesetz der Islamischen Republik Pakistans nicht.

Der Weg ist lang, so unendlich lang. Am 15. Juni erfahre ich,
dass auf Anordnung des Staatspräsidenten mein Name von
der Ausreiseverbotsliste gestrichen wurde.

Am 28. Juni bin ich überglücklich. Der Bundesgerichtshof
von Islamabad hat nach einer zweitägigen Verhandlung ak-

zeptiert, eine neue strafrechtliche Voruntersuchung zu eröffnen. Mein Anwalt, der mich nach meinem Ausreiseverbot gebeten hatte, nicht mehr mit Journalisten zu sprechen, ist ebenfalls sehr zufrieden.

»Jetzt können Sie ihnen sagen, was Sie wollen! Ich verbiete Ihnen nichts mehr.«

Er hatte der Presse erklärt, dass ihre Unterstützung für mich schädlich sein könnte, solange der Entschluss, den Fall wieder aufzurollen, nicht getroffen worden sei.

Doch nun werde ich von Fragen überrollt, als ich nach der letzten Anhörung das Gerichtsgebäude verlasse. Ich umarme die Frauen, die mich bis jetzt unterstützt haben, die Emotionen sind überwältigend.

»Ich bin glücklich und wirklich zufrieden. Ich hoffe inständig, dass diejenigen, die mich gedemütigt haben, bestraft werden. Ich werde auf das Urteil des Bundesgerichtshofes warten. Der Richter wird auf dieser Erde Recht sprechen.«

Und Gott wird später richten.

Mein Anwalt bestätigt den Journalisten, dass die acht Männer, die zuvor freigelassen worden waren, und die Mitglieder des Dorfrates, welche die Vergewaltigung vorsätzlich geplant hatten, nun im Gefängnis sitzen.

»Es ist kein einfacher Vergewaltigungsfall mehr, sondern ein wahrer Terrorakt. Dieses Verbrechen wurde begangen, um Angst und Schrecken unter den Mitgliedern der Dorfgemeinde zu verbreiten. Der Entschluss, diese Männer vor eine neue Instanz, die höchstrangigste unseres Landes, zu führen, um die Beweise neu zu untersuchen, ist eine weise Entscheidung.«

Ich bin beruhigt. Ich kann in mein Dorf zurück, zu meiner Familie, meinen Eltern und den Kindern in meiner Schule. Die polizeiliche Überwachung soll noch lange anhalten – besonders wenn ich ausländischen Journalisten Interviews gebe. Und mit der Zeit wird der Druck immer weniger, so dass die Überwachung auf einen einzigen bewaffneten Polizisten begrenzt wird. Aber sobald ein ausländischer Journalist zu mir kommt, ist »mein Sicherheitsdienst« wieder anwesend.

In der Lokalpresse gibt es nur noch hier und da einige Angriffe gegen mich, jedoch sind es nicht die harmlosesten. Der unglaublichste ist ein Kommentar über meinen Visumantrag, um ins Ausland zu verreisen, der sehr viel Tinte fließen lässt. Nach wie vor bin ich nach Kanada und in die USA eingeladen. Aber ich habe erklärt, dass ich dieses Projekt momentan aufgeben wolle, um die bösen Geister zu besänftigen. In Wahrheit ist mir jedoch das Visum nicht genehmigt worden. Ich darf im Ausland kein negatives Bild von Pakistan verbreiten. Außerdem hat man »an höherer Stelle«, wie Naseem zu sagen pflegt, behauptet, dass man nur Vergewaltigungsopfer zu sein brauche, um Millionärin zu werden und ein Visum zu bekommen.

Als würden sich die pakistanischen Frauen auf diese »einfache Formalität« stürzen, um ins Ausland zu fliehen! Ich bedauere zutiefst diese unschickliche Bemerkung. Einmal mehr ist die nationale und internationale Presse wegen einer solchen Aussage sehr aufgebracht. Danach heißt es, die Journalisten hätten diese Aussage falsch gedeutet und sie bedeute nicht das, was man hineininterpretiert habe. Das hoffe ich.

Ich kämpfe für mich und all die Frauen, die in meinem Land Opfer der Gewalt sind. Ich habe keineswegs vor, mein Dorf, mein Haus, meine Familie oder meine Schule zu verlassen. So wenig, wie ich vorhabe, im Ausland ein schlechtes Bild meines Landes zu verbreiten. Ganz im Gegenteil bin ich der Überzeugung, dass ich, indem ich meine Menschenrechte verteidige und gegen die Stammesjustiz kämpfe, die gegen die Gesetze unserer Islamischen Republik verstoßen, die Vorhaben der Politik meines Landes unterstütze. Kein pakistanischer Mann, der dieser Bezeichnung würdig ist, kann einen

Dorfrat in seiner Entscheidung unterstützen, eine Frau zu bestrafen, um einen Ehrenkonflikt zu lösen.

Ungewollt bin ich zum Sinnbild für all die Frauen geworden, die unter der Gewalt der Patriarchen und Stammesführer leiden, und wenn dieses Bild die Grenzen überschreitet, dann soll es meinem Land dienen. Dies ist die wahre Ehre meiner Heimat: es einer Frau zu ermöglichen, sei sie gebildet oder nicht, gegen das Unrecht zu kämpfen, das ihr angetan wurde.

Denn die wahre Frage, die sich mein Land stellen sollte, ist ganz einfach: Wenn die Frau die Ehre des Mannes ist, warum will er dann diese Ehre vergewaltigen oder töten?

7

Die Tränen von Kausar

Es vergeht kaum ein Tag, an dem Naseem und ich keine traumatisierten Frauen empfangen, die verzweifelt Hilfe suchen.

Einmal habe ich einer pakistanischen Journalistin, die mich fragte, wie ich denn mit dieser eigenartigen Berühmtheit zurechtkomme, geantwortet: »Manche Frauen vertrauen mir an, dass sie, wenn ihr Mann sie schlagen würde, keine Sekunde zögern würden, ihm zu drohen und zu sagen: ›Ich warne dich, ich werde mich bei Mukhtar Mai beschweren!‹ Es ist ein Scherz, aber in Wahrheit erleben wir regelmäßig tragische Situationen.«

Auch an diesem heißen Oktobertag, als Naseem und ich meine Geschichte zu Ende niederschreiben, unterbrechen uns zwei Frauen.

Sie haben viele Kilometer zurückgelegt, um mich zu besuchen. Es ist eine Mutter mit ihrer Tochter, einer zwanzigjährigen, verheirateten Frau namens Kausar. In ihren Armen hält sie ihr erstes Kind, ein ungefähr zweieinhalb Jahre altes Mädchen, und sagt uns, dass sie bald ein zweites Baby bekommen wird. Tränen kullern aus ihren verschreckten Augen und benetzen ihr erschöpftes, aber wunderschönes Gesicht. Sie erzählt uns von einer anderen Art der Grausamkeit, die in Pakistan jedoch ebenfalls sehr geläufig ist.

»Mein Mann hat sich kürzlich mit unserem Nachbarn gestritten. Dieser ist ständig zu uns gekommen, um bei uns zu essen oder sogar zu schlafen, und irgendwann hat mein Mann ihm zu verstehen gegeben, dass wir ihn nicht immer empfangen können.

Eines Tages, während ich die *chapati* vorbereitet habe, sind vier Männer in unser Haus eingebrochen. Einer von ihnen hat meinem Mann eine Waffe an den Kopf gehalten, ein anderer hat mir sein Gewehr auf die Brust gerichtet.

Blitzschnell haben mir die letzten beiden ein Tuch über den Kopf gezogen, sodass ich nichts mehr sah. Ich hörte meinen Mann schreien, als sie mich zu Boden warfen, und ich hatte große Angst um das Kind in meinem Bauch.

Anschließend haben sie mich in ein Auto gezerrt und sind mit mir sehr lange durch die Gegend gefahren. Ich habe erkannt, dass sie mich in eine Stadt gebracht hatten, als ich den Verkehrslärm hörte. Sie haben mich in einem Zimmer eingesperrt, und zwei Monate lang kamen sie Tag für Tag vorbei, um mich zu vergewaltigen.

Ich hatte nicht die geringste Chance zu fliehen. Der Raum war klein und hatte kein Fenster, und mehrere Männer hielten rund um die Uhr Wache vor der Tür. Von März bis April haben sie mich in diesem Zimmer gefangen gehalten. Immer wieder dachte ich an meinen Mann sowie an mein Kind und befürchtete, sie wären beide längst tot.

Irgendwann wurde ich vor Angst wahnsinnig und wollte Selbstmord begehen, aber ich wusste nicht, wie. Der Raum war völlig leer, sie gaben mir lediglich wie einem Hund in einem Napf zu essen und zu trinken. Und zwischendurch fielen sie einer nach dem anderen über mich her.

Und dann, eines Tages, haben sie mich mit einem Tuch über dem Kopf wieder in ein Auto gepackt und sind mit mir aus der Stadt hinausgefahren. Irgendwo am Straßenrand haben sie mich aus dem Wagen geworfen und sind schnell weitergefahren. Sie haben mich einfach mutterseelenallein im Straßenstaub liegen lassen. Ich wusste nicht einmal, wo ich mich befand.

140

Lange bin ich gelaufen, bis ich in meinem Dorf in der Nähe von Muhammadpur ankam, und ich habe mir zusammengereimt, dass sie mich nach Karatschi gebracht haben mussten, weit im Süden des Landes.

Als ich zu Hause eintraf, lebte mein Mann zum Glück noch, mein Vater und meine Mutter hatten sich um meine kleine Tochter gekümmert und bei der Distriktpolizei Anzeige erstattet. Ich bin ebenfalls zur Polizei gegangen, um zu erzählen, was mir angetan wurde. Ich habe die Gesichter meiner Peiniger genau beschrieben und konnte sie sogar identifizieren. Mein Mann wusste genau, dass der Nachbar, der seit dem Streit unser Feind geworden war, sich an mir gerächt hatte. Auf dem Revier haben sie mir stumm zugehört, und anschließend hat mich der Offizier mit dem Daumen einen Bericht unterschreiben lassen. Da ich weder lesen noch schreiben kann, hat er angeboten, es für mich zu übernehmen.

Als ich bei der anschließenden Verhandlung vor dem Richter stand und ihm erklärte, was mit mir geschehen war, sagte er nur zu mir: ›Du erzählst mir nicht dasselbe, was du der Polizei gesagt hast. Lügst du etwa?‹

Er hat mich zwölf Mal zu sich zitiert, und jedes Mal musste ich ihm wiederholen, dass ich nicht wusste, was der Polizist geschrieben hatte, aber dass ich die Wahrheit gesagt hatte.

Anschließend hat der Richter die angeklagten Männer kommen lassen, um sie ebenfalls zu befragen. Natürlich haben sie ausgesagt, ich hätte gelogen. Vor der Verhandlung haben sie außerdem meine Eltern bedroht und behauptet, sie selbst seien nicht schuldig und meine Familie müsse dies dem Richter sagen. Als mein Vater sich geweigert hat, haben sie ihn verprügelt und ihm die Nase gebrochen.

Schließlich hat der Richter nur einen Mann zu einer Gefängnisstrafe verurteilt und die anderen freigesprochen.

Ich weiß nicht, warum nur einer für die Tat büßen muss, denn er war nicht der Einzige, der sich an mir vergangen hat.

Diese Männer haben mein Leben und meine Familie zerstört. Ich war im zweiten Monat schwanger, als sie mich vergewaltigt haben, mein Ehemann weiß es und glaubt mir, aber bei uns im Dorf werden schlimme Gerüchte über mich verbreitet.

Und diese Unmenschen, die zum Stamm der Belutschen gehören, sind noch immer auf freiem Fuß. Sie sind viel mächtiger als wir und verachten meine Familie, obwohl wir niemandem etwas getan haben. Mein Mann ist mein Cousin, wir wurden verheiratet, als wir noch klein waren, und er ist ein ehrlicher Mensch. Am Anfang, als er Anzeige erstattet hat, hat ihm niemand zugehört.«

Kausar weint lautlos und unaufhörlich, während sie uns ihre Geschichte erzählt. Nachdem sie geendet hat, fordere ich sie auf, etwas zu trinken und zu essen, aber es fällt ihr schwer.

Ein unüberwindbarer Schmerz ist aus ihrem Blick herauszulesen und eine schmerzhafte Resignation in den Augen ihrer Mutter.

Naseem wird den beiden nun das Gesetz erläutern und ihnen sagen, an welche Vereine sie sich wenden müssen, um einen Anwalt zu bekommen. Wir geben ihr schließlich noch etwas Geld, damit sie in ihr Dorf zurückkehren kann, aber ich weiß, dass ihr Weg ebenfalls sehr lang sein wird.

Falls sie tatsächlich den Mut hat, auf ihr Recht zu pochen, werden sie und ihre Familie andauernd bedroht werden, solange ihre Entführer nicht hinter Schloss und Riegel sitzen. Wenn es ihr überhaupt je gelingt, dies zu erreichen.

Die Familie hat keine Möglichkeit, woanders hinzugehen – ihr Haus und ihr ganzes Leben sind auf dieses Dorf konzentriert. Ihr Kind wird in wenigen Monaten zur Welt kommen, und diese Tragödie wird sie ein Leben lang verfolgen.

Sie wird nie vergessen können, so wie auch ich nicht vergessen kann.

Das Gesetz schreibt der Polizei vor, einen vorläufigen Bericht zu verfassen, wenn eine Frau Anzeige erstattet. Und jedes Mal geschieht dasselbe:

Der Frau wird gesagt: »Druck deinen Daumen hierhin, wir werden alles für dich ausfüllen.« Und wenn der Richter das Protokoll bekommt, sind die Schuldigen immer unschuldig, und die Frau hat gelogen!

Man rufe sich diesen Fall – und damit die Absurdität des Ganzen – noch einmal ins Gedächtnis.

Ein Mann will einen anderen wegen eines Nachbarstreites bestrafen. Zu diesem Zweck organisiert er eine bewaffnete Entführung und lässt anschließend eine junge, unschuldige und schwangere Familienmutter massenvergewaltigen. Von Anfang an ist er von seiner Unschuld überzeugt, und selbst wenn er ins Gefängnis geschickt wird, bleibt er nicht lange dort.

Denn früher oder später wird er anlässlich eines Berufungsverfahrens freigesprochen, weil nicht »ausreichend« Beweise gegen ihn vorliegen. Wahrscheinlich wird das Gericht zu dem Schluss kommen, dass diese arme Frau sich prostituiert habe, dass sie willig gewesen sei!

Ihr Ruf, ihre Ehre, ebenso wie die ihrer Familie, sind auf immer und ewig ruiniert. Im schlimmsten Fall wird die Frau nach den *hudūd*-Gesetzen wegen Ehebruchs und Prostitution verurteilt.

Damit sie dieser grausamen Verurteilung entkommt, müssten die Angeklagten ihre »Sünde« vor dem Richter beichten, oder die Klägerin müsste die besagten vier verstrauenswürdigen Augenzeugen der »Sünde« mitbringen.

Da sie von dem zweifelhaften Rechtssystem in diesem meinem Land beschützt werden, können die Verbrecher tun und lassen, was sie wollen.

Noch während wir uns von Kausar verabschieden, wartet eine andere Frau bereits auf mich. Ihr Gesicht ist von einem abgenutzten Schleier halb bedeckt, sie wirkt alterslos, und man sieht ihr die Erschöpfung von der harten Hausarbeit deutlich an.

Das Sprechen fällt ihr sehr schwer. Beschämt und diskret zeigt sie mir einfach ihr Gesicht.

Sofort verstehe ich. Die Säure hat die Hälfte ihres Gesichts entstellt. Sie kann nicht einmal mehr weinen.

»Wer hat das getan?«, frage ich sie entsetzt und wütend zugleich.

»Mein Mann«, antwortet sie kaum hörbar.

»Warum?«

Er hat sie wohl schon oft verprügelt, weil sie ihn für seinen Geschmack nicht schnell genug bedient hat. Diesmal hat er sie für immer entstellt und verachtet sie nun. Für diese Frau können Naseem und ich nur wenig unternehmen – etwas Trost und ein bisschen Geld, um zu ihrer Familie zurückzukehren und ihren Mann zu verlassen, wenn sie dazu in der Lage ist.

Nachdem sie gegangen ist, sitzen wir noch lange stumm zusammen. Ich sehe auf das Zuckerrohrfeld hinter unserem Haus und frage mich, was noch alles passieren muss, bis die Verantwortlichen in diesem Land endlich handeln.

Manchmal bin ich vom Ausmaß meiner Aufgabe überfordert. Dann wieder ersticke ich fast vor Wut.

Jedoch verzweifle ich nie.

Mein Leben hat einen Sinn. Mein Unglück dient der Gemeinschaft.

Die Mädchen zu erziehen ist eine einfache Aufgabe, aber was die kleinen Jungen betrifft, die in dieser brutalen Welt aufwachsen und sehen, wie die erwachsenen Männer um sie herum handeln, ist es ungleich schwieriger.

Das Recht, das den Frauen widerfahren ist, soll sie im Laufe der Generationen belehren, da sie aus dem Schmerz und den vergossenen Tränen nichts lernen.

Ich warte ebenfalls auf das endgültige Urteil des Bundesgerichtshofes. Ich hoffe darauf diesseits, so wie ich auf Gottes Gerechtigkeit jenseits hoffe. Denn selbst wenn mir kein Recht widerfahren sollte, wenn in Meerwala zu bleiben für mich bedeutet, dass ich ein Leben lang Krieg führen und sogar mit meinem Leben dafür zahlen muss, eines Tages werden die Schuldigen bestraft.

Dessen bin ich gewiss.

Während dieser Oktobertag mit all seinen Leiden und Nöten zu Ende geht, fordert die Morgendämmerung des darauffolgenden Tages andere Leiden ans Licht.

Die Erde hat im Norden des Landes gebebt. Es ist die Rede von Tausenden Toten und Verletzten, von unzähligen Obdachlosen und hungernden Kindern, die in den Ruinen ihres nicht mehr vorhandenen Lebens umherirren.

Meine Heimatprovinz Punjab ist von der Katastrophe zum Glück verschont geblieben, und ich bete für all die Notleidenden, für all die Kinder, die in den Trümmern ihrer Schulen ums Leben gekommen sind.

Aber für sie zu beten wird nicht genügen. Pakistan braucht internationale Hilfe. Und ich versuche diese Hilfe zu bekommen.

Diesmal darf ich mit Frau Doktor Amna Buttar, der Präsidentin des Asian-American Network Against Abuse of Human Rights, ins Ausland reisen. Eine amerikanische Zeitschrift hat mich kürzlich zur »Frau des Jahres« gekürt. Ich fühle mich geehrt, aber die Preisverleihung ist nicht das Hauptziel meiner Reise in die USA.

Ich will die Gelegenheit nutzen, um mich in diesen schweren Zeiten nicht nur für die Interessen der Frauen in meiner Heimat einzusetzen, sondern auch für die der Erdbebenopfer. Mein Herz blutet vor allem für die Frauen und Kinder, deren Leben zerstört ist, für diese Überlebenden, die Hilfe brauchen, um diese Tragödie zu überwinden.

Und so nehme ich das Flugzeug nach New York und begebe mich danach nach Washington vor den amerikanischen

Kongress, um für diese beiden Anliegen zu plädieren und nach zusätzlichen Spendengeldern für die Opfer des grausamsten Erdbebens, das mein Land seit Jahren erlebt hat, zu fragen.

Die internationale Hilfe lässt auf sich warten. Der schlechte Ruf meines Landes zeigt sich in der mehr als zögerlichen ausländischen Hilfsbereitschaft.

Wie immer folgen mir die Journalisten auf Schritt und Tritt, ich gebe zahllose Interviews, und immer wieder fragen sie mich nach einem eventuellen Exil.

Ich antworte dann einfach jedes Mal: »Mein Aufenthalt im Ausland wird nur von kurzer Dauer sein, ich werde so schnell wie möglich in mein Heimatdorf zurückkehren. Die Wahl der amerikanischen Zeitschrift, die schon viele berühmte Menschen ausgezeichnet hat, freut mich sehr. Es ist eine hohe Anerkennung, die mich zutiefst rührt. Aber ich wurde als Pakistanerin geboren und werde immer eine Pakistanerin bleiben.«

Ich reise als Aktivistin durch die Welt, um zur Linderung des Unglücks, das mein Land erschüttert hat, einen kleinen Beitrag zu leisten.

Wenn ich mit meinem persönlichen Schicksal meinem Land und seiner Regierung helfen kann, ist es mir eine Ehre.

Möge Gott mich und meine Aufgabe beschützen.

Mukhtar Mai
November 2005

Danksagung

Bedanken möchte ich mich:

Bei meiner Freundin Naseem Akhtar für ihre unablässige Unterstützung.

Bei Mustapha Baloch und Saif Khan, die für dieses Buch meine Dolmetscher waren.

Bei der CIDA (ACDI), der *Agence Canadienne pour le Développement International.*

Bei *Amnesty International.*

Bei der UNO-Menschenrechtskommission.

Bei Frau Doktor Amnia Buttar, der Präsidentin vom ANAA *(Asian-American Network Against Abuse of Human Rights).*

Ebenso bei all den Frauenrechtsorganisationen in Pakistan sowie den Aktivistinnen gegen die Gewalt gegen Frauen in der ganzen Welt, die sich stets und engagiert für mich eingesetzt haben.

Bei den vielen öffentlichen und privaten Spendern, die den Bau und die Erweiterung der Mukhtar-Mai-Schule ermöglicht haben.

Schlussendlich bedanke ich mich auch ganz herzlich bei meinen kleinen Schülern, all den Jungen und Mädchen, deren schulischer Fleiß mir die Hoffnung gibt, dass in meinem Dorf die Kinder einer besser ausgebildeten und freien Generation aufwachsen, einer Generation, in der Frauen und Männer friedlich miteinander leben.

ANHANG

Muhktar Mai ist zweiunddreißig Jahre alt und lebt in Meerwala, einem kleinen Dorf im Zentrum Pakistans. Ihre Revolte hat die ganze Welt erschüttert, nachdem Journalisten das Urteil des Ältestenrates ihres Dorfes bekannt gemacht haben: die Vergewaltigung durch Dorfbewohner.

Analphabetisch und anscheinend hilflos, ist sie die erste Frau ihres Landes, die sich gegen diesen barbarischen Brauch aufgelehnt und um die Wiederherstellung ihrer Ehre gekämpft hat.

Wir haben sie besucht und ihr vorgeschlagen, ein Buch zu schreiben, um ihren Kampf zu unterstützen. Nach einer langen Reise sind wir in ihrem Dorf angekommen. Mukhtar Mai und ihre Freundin Naseem Akhtar haben uns empfangen, waren jedoch überrascht, dass Franzosen bis zu ihnen gefahren waren, um sich an ihrem Kampf zu beteiligen.

Nach stundenlangen Gesprächen waren wir uns einig: Das Buch wird zuerst in Frankreich publiziert und Mukhtar Mai zum Erscheinungstermin nach Paris kommen.

Einige Wochen später reiste Marie-Thérèse Cuny nach Meerwala. Seit vielen Jahren stellt die berühmte Ghostwriterin ihre Erfahrung in den Dienst der Frauenrechte.

Mukhtar Mai spricht nur *sarahiki,* was die Kommunikation etwas erschwert. Zum Glück waren Mustafa Baloch und Saif Khan da, um ihre Worte aus dem *sarahiki* ins Französische zu übersetzen.

Vom Sonnenaufgang bis spät in die Nacht, Tag für Tag,

hörte Marie-Thérèse Cuny aufmerksam zu, wie Mukhtar Mai ihr von ihrem Leben, von ihrer Kindheit, vom Horror des Urteils und von ihrem heutigen Kampf erzählte. Zum ersten Mal sprach sie von ihrem eigenen und dem Leid der Frauen ihres Landes, die von den Bräuchen ihrer Heimat entehrt werden. Aus Mukhtar Mais Worten entstand ein Buch.

Um sicherzugehen, dass das Buch Mukhtar Mais Geschichte genau entsprach, kehrten wir nach Pakistan zurück.

Mukhtar Mai »hörte« ihr Buch, hörte den Text, den Marie-Thérèse Cuny respektvoll niedergeschrieben hatte. Für diese Frau, die zum ersten Mal in ihrem Leben erlebt, dass ihre Worte und ihr Kampf zu einem Buch wurden, waren die Überraschung und die Emotionen sehr groß. Sie zeichnete jede Seite mit den Initialen »MM« ab.

Die französischen Herausgeber

Pakistan

Geschichte und Gesellschaft einer unbeständigen Demokratie

Entstehungsgeschichte

Der Name Pakistan ist ein Akronym aus den Buchstaben P. A. K. I., die für die Namen der Gründungsprovinzen – Punjab, Afghanien, Kaschmir und Indus-Sindh – stehen, sowie der Silbe *stan* (»Land«). Gleichzeitig bedeutet *pak* in Pashtu »rein«, sodass Pakistan auch die Bedeutung »Land der Reinen« hat.

Der Staat Pakistan ist aus Teilen von Britisch-Indien entstanden. Hintergrund seiner Gründung war der Wunsch muslimischer Bevölkerungsteile, in einem eigenen Staat zu leben, der nicht Teil des hinduistisch dominierten Indien ist. Im Zuge der Teilung verließen über vier Millionen Muslime das heutige Indien, während etwa sieben Millionen Hindus und Sikhs aus Pakistans Staatsgebiet auswanderten. Es wird vermutet, dass bei Gewaltakten und durch die Strapazen während der Flucht bis zu 750 000 Menschen ums Leben kamen.

Bei der Teilung war umstritten, welchem der beiden Länder der Fürstenstaat Kaschmir zugeschlagen werden sollte. Die Bevölkerung des Staates war überwiegend muslimischen Glaubens, jedoch war die herrschende Dynastie hinduistisch, weshalb sich der Fürst zunächst nicht entscheiden wollte und sich später Indien anschloss. Pakistan erlangte aber die Herrschaft über den westlichen und nördlichen Teil Kaschmirs. Der Kaschmirkonflikt prägt seither die Beziehung beider Staaten. Als Folge des Bangladesch-Kriegs von 1971 spaltete sich das heutige Bangladesch von Pakistan ab.

Pakistan verfügt trotz der ersten Verfassung von 1956 – und weiteren von 1962, 1973 und 1985 – über ein sehr unbeständiges demokratisches System. Das liegt unter anderem an den zahlreichen Militärdiktaturen, die fast durchgehend seit dem Bestehen des Staates das Land beherrschen. Seit Oktober 1999 lenkt der Generalstabschef Pervez Musharraf die Geschicke des Landes. Er erließ nach dem erfolgreichen Militärputsch den Notstand und regierte zunächst als »Chief Executive« unter Staatspräsident Rafiq Tarar.

Im Juni 2001 ließ sich Musharraf selbst zum Präsidenten vereidigen. Unmittelbar nach seiner Machtübernahme suspendierte er das Parlament und setzte die Verfassung außer Kraft; diese existiert aber formal weiter und wirkt so zumindest indirekt weiter auf die politischen Rahmenbedingungen ein. Bei der Verfassung handelt es sich um eine Kombination aus Traditionen der Kolonialverfassung von 1935 mit zahlreichen neuen »islamischen« Elementen.

Pakistan, das sich seit dem Jahr 1971 als Islamische Republik bezeichnet, wird hier als souveräner, republikanischer Bundesstaat definiert. Er setzt sich aus den vier Provinzen Belutschistan, Sindh, Punjab und der Nordwestlichen Grenzprovinz *(North-West Frontier Province)* sowie dem Bundesterritorium der Hauptstadt Islamabad und den Stammesgebieten zusammen.

Die vier Provinzen verfügen über je eine eigene Provinzregierung. Das Bundesterritorium Islamabad, die *Northern Areas* und die Stammesgebiete *(Federally Administered Tribal Areas)* werden zentral verwaltet. Den durch den Staatspräsidenten ernannten Provinzgouverneuren stehen gewählte

Provinzparlamente mit eigenen Regierungen zur Seite. Die Provinzen sind in insgesamt fünfzig Distrikte und sogenannte *Agencies* unterteilt. Die Regionen Khyber, Kurram, Malakand, Mohmand, Nord- und Südwaziristan werden autonom regiert, die Zentralregierung entsendet lediglich politische Vertreter. In diesen Gebieten haben die pakistanischen Gesetze keine Gültigkeit, vielmehr werden sie nach den überlieferten Sitten und Gebräuchen der dortigen Bevölkerung regiert.

DIE PROVINZ PUNJAB

Die Provinz Punjab, auch das Fünfstromland genannt, beheimatet mehr als 60 Prozent der Bevölkerung und ist so der wichtigste politische Faktor Pakistans. Somit kann das Land nicht ohne oder gegen den Punjab regiert werden. Wie die Provinz Sindh ist der Punjab durch die Kastengesellschaft geprägt, was in einem gewissen Widerspruch zu der Tatsache steht, dass der Großteil der Bevölkerung muslimisch ist. So haben die Kasten im Punjab auch keine religiöse Basis. Auf dem Lande dominieren Bauernkasten wie die Jat oder die Arain. Die früher sogenannten Unberührbaren, tatsächlich die besitzlosen Landarbeiter, werden vor allem von der Minderheit der pakistanischen Christen gebildet und sind rechtlich wenig abgesichert.

BEVÖLKERUNG UND RELIGION

Die Islamische Republik Pakistan ist ein Vielvölkerstaat, in dem um die 170 Millionen Menschen leben, die mehr als zwanzig verschiedene Sprachen sprechen und zu unterschiedlichen Völkergruppen und Bevölkerungsminderheiten bzw. Stämmen gehören.

Urdu und Englisch sind die Amtssprachen Pakistans. Englisch wird vor allem von der Regierung, als Geschäfts- und Bildungssprache an den Universitäten verwendet, während Urdu die Verkehrssprache des Großteils der Bevölkerung ist, obwohl es als Muttersprache nur von acht bis zehn Prozent der Einwohner gesprochen wird. Die Zahl der Urdu-Muttersprachler steigt jedoch durch die gesellschaftliche Funktion der Sprache ständig. Die drei weiteren wichtigen Sprachen Pakistans sind Punjabi, Sindhi und Siraiki. Letzteres wird von etwa zehn Prozent der Bevölkerung im Punjab und Sindh gesprochen.

Das Gebiet des heutigen Pakistan ist religionsgeschichtlich bedeutend. Hier entstand der Brahmanismus, der sich zum Hinduismus weiterentwickelte. Und der Buddhismus kam im Industal zu voller Blüte. 97 Prozent der pakistanischen Bevölkerung sind jedoch Muslime. Zwei Drittel bekennen sich zum Islam sunnitischer Prägung, das andere Drittel gehört der schiitischen Glaubensrichtung und kleineren Sekten an.

Christen, Hindus, Sikhs sowie wenige Parsen, die Anhänger Zarathustras, und Buddhisten bilden mit drei Prozent eine religiöse Minderheit. Übergriffe gegen Christen und Hindus sind nicht selten.

Pakistans Bevölkerung ist sehr jung: 41 Prozent der Pakistaner sind jünger als fünfzehn Jahre. Der Kern des sozialen Lebens ist die Großfamilie.

Eine pakistanische Frau bekommt im Durchschnitt 4,91 Kinder, womit das Land weit über dem südasiatischen Durchschnitt liegt.

Familienoberhaupt ist traditionell der Mann. Er nimmt entscheidenden Einfluss auf das Leben seiner Familienmitglieder, auch wenn Frauen mehr und mehr Mitspracherecht erhalten und zumindest in den Städten am öffentlichen Leben teilhaben. Nach islamischem Recht ist es einem Mann erlaubt, bis zu vier Frauen zu heiraten, sofern er alle gleichwertig behandeln kann. Pakistanischer Auffassung zufolge ist eine Hochzeit nicht nur die Verbindung zweier Menschen, sondern auch zweier Familien. Beide Familien sind an den Vorbereitungen zur Hochzeit beteiligt und schließen einen Heiratsvertrag ab. Die Hochzeitsrituale gestalten sich sehr traditionell.

BILDUNGS- UND GESUNDHEITSWESEN

Pakistan ist eines von weltweit nur zwölf Ländern, die weniger als zwei Prozent des Bruttoinlandsprodukts ins Bildungswesen investieren. Es gibt rund 40 Universitäten und 1600 Colleges.

47 Prozent der Männer und 71 Prozent der Frauen in Pakistan sind Analphabeten. Der Unterschied zwischen Stadt und Land ist hier gravierend. Der staatlichen Definition zufolge gelten all diejenigen nicht als Analphabeten, die ihren Namen schreiben und lesen können. Sofern überhaupt Schulen vorhanden sind, decken diese, insbesondere in den ländlichen Gebieten, allenfalls Grundbedürfnisse. Lehrer sind oft schlecht ausgebildet. Viele Schulen bestehen lediglich auf dem Papier, um staatliche Mittel zu bekommen. Weniger als ein Drittel der Jungen und sogar nur ein Fünftel der Mädchen besuchen nach dem Abschluss der Grundschule weiterführende Schulen.

Auch im Gesundheitswesen schneidet Pakistan im internationalen Vergleich schlecht ab. Nur ein Prozent des Staatshaushaltes fließt in die medizinische Versorgung der Bevölkerung.

Der Unterschied zwischen städtischer und ländlicher Versorgung ist auch hier deutlich zu spüren. Es fehlt insbesondere auf dem Land an ausgebildeten Ärzten, sodass die Bevölkerung auf Selbsthilfe und traditionelle medizinische Praktiken angewiesen ist.

Das pakistanische Rechtswesen

Das pakistanische Rechtssystem basiert auf dem früheren britisch-indischen Recht, dem *Common Law.*

Nach der Verfassung von 1985 wird die Judikative durch ein System nationaler Gerichte ausgeübt. An ihrer Spitze steht der Oberste Gerichtshof *(Supreme Court of Pakistan),* der seinen Sitz in Islamabad hat. Er ist Entscheidungsinstanz bei Konflikten zwischen dem Staat und seinen Provinzen bzw. zwischen den Provinzen. Darüber hinaus ist er höchste Berufungsinstanz für alle Rechtsfragen und kann Fälle von besonderem Interesse an sich ziehen. Ihm untergeordnet sind die Obergerichte *(High Courts)* als höchste Berufungsinstanzen in den Provinzen.

In den Provinzen gibt es gesonderte Verwaltungsgerichte. Im Familien- und Erbrecht gilt religiöses Recht, für Muslime nach sunnitisch-hanafitischem Ritus.

Die *Shariat Benches* sind gesonderte Kammern an den Gerichten, die seit 1976 nach islamischem Recht urteilen. Der 1980 eingerichtete Scharia-Gerichtshof des Bundes *(Federal Shariat Court)* entscheidet über eine Vereinbarkeit bestehender Gesetze mit dem kanonischen sunnitischen Recht. Durch eine Verfassungsergänzung 1988 erhielt die Scharia den Status des obersten Rechtes des Landes. 1992 wurde die 1986 abgeschaffte Todesstrafe wieder eingeführt. Seit 1995 gilt sie auch für den Rauschgifthandel.

In einigen Landesteilen Pakistans werden *jirgas* oder *panchayats* (Stammesgerichte/Dorfgerichte) abgehalten. Das System der Stammesjustiz in Pakistan hat seine Wurzeln in der Tradition. Es hat in Pakistan keine formelle gesetzliche

Legitimation – ausgenommen in wenigen besonders gekennzeichneten Stammesregionen. Das von *sardars* (Stammesältesten) angewandte Justizsystem in anderen als in diesen bestimmten Stammesregionen ist nicht nur durch die Verfassung ausgeschlossen; die Institution der *sardars* wurde im *System of Sardari (Abolition) Act 1976* auch formell abgeschafft. Doch bis heute existiert das System de facto weiter. Wegen des mangelhaften staatlichen Strafjustizsystems wird es von der Bevölkerung als praktikable Alternative für die Regelung von Streitigkeiten angesehen.

Ehrenverbrechen

WENN FRAUEN ZUR RETTUNG DER FAMILIENEHRE
MISSHANDELT ODER ERMORDET WERDEN

Ehrenverbrechen sind eine vorislamische Praxis, der fast ausschließlich Frauen zum Opfer fallen und die eigentlich jeder religiösen Grundlage entbehrt. Allerdings sind in islamisch geprägten Gesellschaften tief verwurzelte Ehrvorstellungen und gesellschaftlich akzeptierte religiöse Werte eng miteinander verbunden, da der Koran und die Überlieferung für das sittsame Verhalten der Frau zahlreiche Vorschriften enthalten. Diese Ehrenverbrechen gehen auf einen archaischen Brauch zurück, der in den Stammesgesellschaften von Belutschistan und den Grenzprovinzen des Nordwestens, aber auch im Punjab und in Sindh tief verwurzelt ist. In diesen streng patriarchalischen Gesellschaften können Ehefrauen, Töchter, Schwestern und Mütter verkauft, gekauft, eingetauscht, misshandelt oder getötet werden, wenn das Familienoberhaupt es für angebracht erachtet.

Beim leisesten Verdacht auf Fehlverhalten werden Frauen ohne weiteres brutal bestraft oder getötet, weil dies die Ehre der Familie beschmutzt. Laut der Menschenrechtskommission in Pakistan haben mindestens 80 Prozent der Frauen des Landes unter dieser Praxis zu leiden. Allein für die Provinz Punjab meldet die Presse in Lahore täglich einen Fall.

Der Ehrenkodex spielt in patriarchal geprägten Gesellschaften eine entscheidende Rolle. Oberstes Ziel ist es, einen

Gesichtsverlust zu vermeiden und die Ehre der Familie zu erhalten. Die Ehre der männlichen Familienangehörigen beruht zu einem großen Teil auf der körperlichen Unversehrtheit und Tugend der Frauen, und die Ehre kann nur durch den Tod der mutmaßlichen Schuldigen reingewaschen werden.

Bei einer Kränkung steht es laut dem Ehrenkodex einem Mann sogar zu, die Frauen seines Widersachers zu misshandeln bzw. zu vergewaltigen, um somit den anderen zu demütigen und so die eigene Ehre wiederherzustellen.

Wenn eine Frau im Verdacht steht, den Ehrenkodex der Familie verletzt zu haben, fühlt sich die Familie zur Selbstjustiz berechtigt.

Die Verletzung der Familienehre geschieht durch eine außer- oder voreheliche Beziehung, durch den reinen Verdacht auf Ehebruch oder eine voreheliche Beziehung oder auch durch allgemeine Verfehlungen der Frau. In Pakistan sowie in anderen Ländern Südasiens können für schuldig erklärte Frauen vergiftet, erschossen, erstochen oder erdrosselt werden. Wieder andere Opfer werden mit Benzin übergossen und angezündet. Was die Beschuldigte selbst vorzubringen hat, ist meist ohne Belang. Wenn eine Frau einen Mann wegen Vergewaltigung anzeigt, wird sie oft selbst beschuldigt, ihn durch ihr Fehlverhalten provoziert zu haben, und wird der *ziná* (Unzucht) beschuldigt.

In diesem System gilt der Mann als das Opfer, wenn seine Ehefrau, Schwester oder Tochter beschuldigt wird. Die Gemeinschaft erwartet von ihm, dass er Gerechtigkeit walten lässt. Dies nicht zu tun käme einem noch größeren Ehrverlust gleich.

Ehrenverbrechen gelten strafrechtlich nicht als Verbrechen, sondern als angemessene Vergeltung. So sehen es auch viele Pakistaner, die nicht in Stammesgesellschaften leben. Angesichts dieser Tatsache ist es schwer, die Rechte der Frauen zu schützen.

So kann etwa vor den islamischen Gerichten, die nach den Gesetzen der Scharia und der *jirga* urteilen, ein Angeklagter in der Regel mit mildernden Umständen rechnen, falls als erwiesen gilt, dass seine Tat zur Wiederherstellung seiner Ehre erfolgte.

In seltenen Fällen ergeht ein Urteil auch zugunsten der Frau. Aber das führt häufig nur zu weiteren Feindseligkeiten, die teilweise sogar in Gewalt ausarten. In Pakistan kommt es in nur zehn Prozent der Fälle von Ehrenverbrechen zu Festnahmen und Verurteilungen.

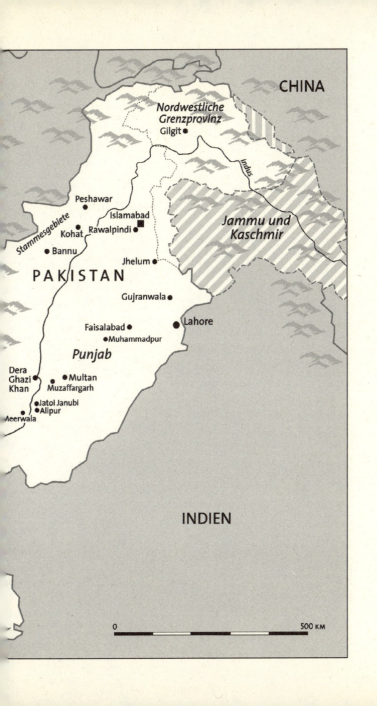

Glossar

burka: Kleidungsstück, das von Frauen in Afghanistan und in Teilen Pakistans getragen wird. Die *burka* besteht aus einem großen, kreisförmigen Stofftuch, das in der Mitte mit einer flachen Kappe vernäht ist und zeltartig Kopf und Körper verhüllt. Damit die Trägerin etwas sehen kann, ohne ihr Gesicht zu enthüllen, befindet sich im Bereich der Augen ein Schleier aus Rosshaar oder eine Art Gitter aus Stoff.

chapati: ein indisches Fladenbrot, das aus einer Vollkornmischung aus Weizen, Hirse und Gerste hergestellt wird.

dal: Hülsenfrüchte

hudūd: die von der Scharia vorgesehene Bestrafung für eine direkt vom Koran verbotene Handlung wie zum Beispiel Unzucht *(ziná)*.

jirga: (auch *panchayat)* Stammesgericht. Die *jirga* setzt sich aus Ältesten eines Stammes unter der Leitung des *sardar* (Stammesoberhaupt) oder bei der Erörterung von Fällen geringerer Bedeutung aus lokalen Stammesführern zusammen und kann ad hoc zusammengerufen werden oder regelmäßig stattfinden. Die *jirga* befasst sich mit unterschiedlichen Fällen wie Streitigkeiten über Land oder Wasser, über Anschuldigungen wegen Ehrverletzung bis hin zu Mord und blutigen Fehden.

Das System der Stammesjustiz hat in Pakistan eine lange Tradition. Ihm fehlt jedoch in den meisten Gebieten des Landes die formelle gesetzliche Legitimation. Die Aufgabe der *jirga* ist nicht, die Wahrheit – die in einer eng verknüpften Gemeinschaft häufig weithin bekannt ist – ans Licht zu bringen, sondern die Wiederherstellung des sozialen Friedens. Im Fall von blutigen Fehden versuchen *jirgas* dieses Ziel dadurch zu erreichen, dass sie die beiden Parteien zum Verzicht auf Feindseligkeiten bewegen und dem Missetäter Kompensationszahlungen auferlegen. Viele »Urteile« der *jirgas* verletzen die Rechte von Mädchen und Frauen. Frauen werden in diesem alternativen Rechtssystem als Mittel angesehen, um Streitigkeiten zu schlichten, Verbindungen herzustellen und alte Rechnungen zu begleichen. Im Januar 2005 unterzeichnete Präsident Musharraf ein Gesetz gegen Verbrechen aus Gründen der »Ehre«. Dieses Gesetz verbietet aber nicht die Teilnahme an *jirga*-Verfahren und stellt sie nicht unter Strafe. Amnesty International hat an die gesetzgebenden Instanzen in Pakistan appelliert, die Praxis von *jirga*-Verfahren per Gesetz zu verbieten.

kari: (wörtlich *Schande*) Bezeichnung für jene Mädchen oder Frauen, die gefoltert und an jede beliebige Person verkauft werden können, da sie das Verbrechen begangen haben, sich mit einem Mann ihrer eigenen Wahl getroffen zu haben.

karo kari: *(Ehrenmord)* Ehrenmorde werden begangen, wenn eine Frau »Schande« über ihre Familie gebracht haben soll (siehe ausführlichen Artikel S. 169 über Ehrenverbrechen).

mandhani: Küchengerät zur Herstellung von Butter

mehndi: Bezeichnung für die kunstvolle ornamentale Körperbemalung mit Henna. Sie erfolgt zu kosmetischen und rituellen Zwecken und ist schon seit dem Altertum bekannt.

panchayat: Ältestenrat (siehe *jirga*)

Siraiki: Dialekt, der vorwiegend in Indien, aber auch in Pakistan gesprochen wird

sunna: die zweite Quelle des islamischen Rechts nach dem Koran. Darunter versteht man die Gesamtheit der Berichte *(hadith,* Pl. *hadithe)* über Äußerungen und Handlungen des Propheten Mohammed. Die Einbeziehung der *sunna,* d. h. der Gewohnheiten des Propheten, in die Rechtspraxis war notwendig, da der Koran nicht alle Erfordernisse des täglichen Lebens genügend erklärte. Um die vorhandenen Lücken möglichst im Geiste der Religion zu schließen, hielten sich bereits die Gefährten Mohammeds und die Generation nach ihm an die Worte und Handlungen des Propheten.

talaq: (wörtlich *sich scheiden lassen)* im Islam die Scheidungsprozedur seitens des Mannes. Nachdem der Mann den Entschluss gefasst hat, sich scheiden zu lassen, ist die Scheidung noch nicht vollzogen. Die Frau soll weiterhin zu Hause wohnen. Es beginnt eine dreimonatige Zeit (im Arabischen *idda* genannt), während deren der Mann die Scheidung zurücknehmen kann. Tut er dies, gilt die Ehe als nicht geschieden. Tut er es nicht, ist die Ehe nach Ablauf der Frist geschieden. In diesem Fall kann die Ehe jedoch erneut geschlossen werden, hierfür ist allerdings ein neuer Ehevertrag erforderlich.

Urdu: Amtssprache in Pakistan, obwohl nur eine Bevölkerungsminderheit von zehn Millionen Urdu als Muttersprache spricht. Es dient als *Lingua franca* zwischen den einzelnen Landessprachen.

ziná: *(Ehebruch und Unzucht)* bezeichnet einen Geschlechtsakt zwischen Personen, die nicht miteinander verheiratet sind. *ziná* zählt im Islam zu den schlimmsten Sünden, die ein Moslem begehen kann. Daher kennt das islamische Gesetz auch harte Strafen für das Vergehen. Der Vorfall des Ehebruchs muss durch vier Augenzeugen bestätigt werden. Der Koran legt als Strafe für dieses Vergehen einhundert Peitschenhiebe oder sogar die Steinigung nahe.

Der »*ziná*-Paragraph« im pakistanischen Recht ist dafür verantwortlich, dass heute eine große Mehrheit der inhaftierten Frauen wegen angeblichen oder tatsächlichen Ehebruchs im Gefängnis sitzen. Die Regelung sorgt dafür, dass die Zeugenaussage einer Frau weniger wiegt als die eines Mannes, sodass es einer Frau schwer fällt, ihre Unschuld zu beweisen, wie zum Beispiel im Falle einer Vergewaltigung.

ziná-bil-jabar: Vergewaltigung

Adressen

IM BUCH GENANNTE ORGANISATIONEN

AGHS Legal Aid Cell
131-E/1 Gulberg III
Lahore 54660
Pakistan
Tel.: +92-42-5 76 32 34-5
FAX: +92-42-5 76 32 36
E-Mail: aghs@magic.net.pk
www.roldirectory.org

**Asian-American Network
Against Abuse of Human Rights (ANAA)**
P.O. Box 4324
Kingman,
AZ 86402
USA
E-Mail: 4anaapk@gmail.com
www.4anaa.org

**Aurat Publication and
Information Service Foundation (AIF)**
6-B, LDA Garden View Apartments
Lawrence Road
Lahore 54000
Pakistan
Tel.: +92-42-6 30 65 34 oder 6 31 43 82
Fax: +92-42-6 27 88 17
www.af.org.pk

**Canadian International
Development Agency (CIDA)**
200 Promenade du Portage
Gatineau, Quebec
Kanada, K1A 0G4
Tel.: +1-8 19-9 97 50 06
Fax: +1-8 19-9 53 60 88
www. acdi-cida.gc.ca

**Council on American-Islamic
Relations Canada (CAIR-CAN)**
P.O. Box 13219
Ottawa, ON
Kanada, K2K 1X4
Tel.: +1-8 66-5 24-00 04
Fax: +1-613-2 54-98 10
E-Mail: canada@cair-net.org
www.caircan.ca

**Human Rights Commission
of Pakistan (HRCP)**
Aiwan-I-Jamjoor, 107-Tipu Block
New Garden Town
Lahore 54600
Pakistan
Tel.: +92-42-5 83 83 41, 5 86 49 94, 5 86 59 69
Fax: +92-42-5 88 35 82
E-Mail: hrcp@hrcp-web.org
www.hrcp-web.org

**Strengthening Participatory
Organization (SPO)**
Hauptsitz:
House No. 429, Street 11,
Islamabad F-10/2
Pakistan
Tel.: +92-51-2 10 46 77, 2 10 46 79, 2 10 46 80
Fax: +92-51-2 11 28 87
E-Mail: info@spopk.org

Büro in Punjab:
House No. 55, Karim Block, Alama Iqbal Town
Lahore
Tel.: +92-42-5 41 84 63
Fax: +92-42-5 42 46 42
E-Mail: lahore@spopk.org
www.spopk.org

DEUTSCHE ORGANISATIONEN, DIE SICH FÜR DIE
RECHTE DER FRAUEN EINSETZEN

Amnesty International
Postanschrift:
Sektion der Bundesrepublik Deutschland e.V.
53108 Bonn

Hausanschrift:
Sekretariat der deutschen Sektion
Büro Bonn
Heerstraße 178
53111 Bonn
Tel.: +49-(0)2 28-9 83 73-0
Fax: +49-(0)2 28-63 00 36
E-Mail: info@amnesty.de
www.amnesty.de

**Internationale Gesellschaft
für Menschenrechte (IGFM)**
Deutsche Sektion e.V.
Borsigallee 9
60388 Frankfurt/Main
Tel.: +49-(0)69-42 01 08-0
Fax: +49-(0)69-42 01 08-33
E-Mail: info@igfm.de
www.igfm.de

medica mondiale e.V.
Hülchrather Straße 4
50670 Köln
Tel.: +49-(0)2 21-9 31 89 80
Fax: +49-(0)2 21-9 31 89 81
E-Mail: info@medicamondiale.org
www.medicamondiale.org

TERRE DES FEMMES e.V.
Menschenrechte für die Frau
Postfach 2565
72015 Tübingen

Hausanschrift:
Konrad-Adenauer-Straße 40
72072 Tübingen
Tel.: +49-(0)70 71-7 97 30
Fax: +49-(0)70 71-79 73 22
info@frauenrechte.de
www.terre-des-femmes.de

Das Werk einschließlich aller seiner Teile ist urheberrechtlich geschützt. Jede Verwertung außerhalb des Urhebergesetzes ist ohne Zustimmung des Verlages unzulässig und strafbar. Dies gilt insbesondere für Vervielfältigungen, Übersetzungen, Mikroverfilmungen und die Einspeicherung und Verarbeitung in elektronischen Systemen.

Genehmigte Lizenzausgabe für
Verlagsgruppe Weltbild GmbH,
Steinerne Furt, 86167 Augsburg
Copyright © 2006 by Oh! Éditions, Paris
Copyright © der deutschsprachigen Ausgabe 2006 by Droemer Verlag.
Ein Unternehmen der Droemerschen Verlagsanstalt
Th. Knaur Nachf. GmbH & Co. KG, München

Alle Rechte vorbehalten

Projektleitung: Bettina Spangler
Umschlag: ZERO Werbeagentur München
Umschlagabbildung: privat (Mukhtar Mai)/gettyimages (Hintergrund)
Satz: Uhl + Massopust GmbH, Aalen
Gesetzt aus der Adobe Garamond 11,6/12,5 pt
Druck und Bindung: CPI Moravia Books s.r.o., Pohorelice
Gedruckt auf chlorfrei gebleichtem Papier

Printed in the EU

ISBN 978-3-86800-319-2

2013   2012   2011   2010
Die letzte Jahreszahl gibt die aktuelle Lizenzausgabe an.